ZHISHENG
ZHI DAO

制胜之道

总主编
曹健华

坚持理论创新

JIANCHI LILUN CHUANGXIN

湖南教育出版社 · 长沙

序　言

中国特色社会主义进入新时代，以习近平同志为主要代表的中国共产党人坚持把马克思主义基本原理同中国具体实际相结合、同中华优秀传统文化相结合，坚持毛泽东思想、邓小平理论、“三个代表”重要思想、科学发展观，深刻总结并充分运用党成立以来的历史经验，从新的实际出发，创立了习近平新时代中国特色社会主义思想。为贯彻落实习近平新时代中国特色社会主义思想，党中央就学习党的历史、总结历史经验作出了一系列重大部署。

2021 年 2 月 20 日，党中央启动党史学习教育，要求全党同志做到学史明理、学史增信、学史崇德、学史力行，学党史、悟思想、办实事、开新局，以昂扬姿态奋力开启全面建设社会主义现代化国家新征程，以优异成绩迎接建党100周年。7月1日，习近平总书记在庆祝中国共产党成立100周年大会上发表重要讲话，回顾了党的百年历史、总结了伟大成就、提出了“九个必须”的根本要求。11月8日至11日，党的十九届六中全会召开，审议通过的《中共中央关于党的百年奋斗重大成就和历史经验的决议》提出：一百年来，党领导人民进行伟大奋斗，在进取中突破，于挫折中奋起，从总结中提高，积累了宝贵的历史经验。这就是坚持党的领导，坚持人民至上，坚持理论创新，坚持独立自主，坚持中国道路，坚持胸怀天下，坚持开拓创新，坚持敢于斗争，坚持统一战线，坚持自我革命。以上十个方面，是经过长期实践积累的宝贵经验，是党和人民共同创造的精神财富，必须倍加珍惜、长期坚持，并在新时代实践中不断丰富和发展。

中国共产党全面总结党的百年奋斗重大成就和历史经验，对推动全党进一步统一思想、统一意志、统一行动，团结带领全国各族人民夺取新时代中国特色社会主义新的伟大胜利，具有重大现实意义和深远历史意义。决议有助于党员干部增强“四个意识”，坚定“四个自信”，做到“两个维护”，捍卫“两个确立”。当前和今后一段时间，学习宣传阐释党的十九届六中全会精神是一项重要政治任务，广大理论工作者尤其是党校理论工作者必须在这一关键时刻担当使命，积极作为。正是因为有了这种责任感和使命感，中共湖南省委党校（湖南行政学院）、韶山干部学院在党的十九届六中全会召开后就积极行动起来，校（院）委第一时间传达会议精神，专家学者们在湖南卫视、湖南经视、红网等主流媒体进行解读，13 位省委党校的专家学者入选湖南省十九届六中全会精神宣讲团。为了给广大党员干部提供鲜活的学习教材，省委党校、韶山干部学院发挥师资力量雄厚、研究基础良好、善于团结协作的优势，编辑出版了“制胜之道”丛书。

该丛书以习近平新时代中国特色社会主义思想为指导，对《中共中央关于党的百年奋斗重大成就和历史经验的决议》提出的十条历史经验进行全面系统深入学习研究。丛书对标决议原文、立足百年党史、着眼重大成就，以宏阔的视野阐释百年历史经验，包括其重大意义、形成条件、基本内涵、实践基础、时代要求等内容，力求用活泼的语言表达深邃的思想、用严谨的逻辑彰显理论的魅力、用生动的案例印证历史的规律，做到权威性、理论性、可读性、趣味性有机融合，使之成为一套雅俗共赏的丛书，引导党员干部和广大人民群众学原文悟原理，切实汲取历史智慧、洞悉历史规律、掌握历史主动，进一步增强党史自信，旗帜鲜明抵制历史虚无主义，真正实现正本清源、固本培元。

回首来时路，我们热血沸腾、心潮澎湃。眺望前行路，我们壮志在胸、豪情满怀。让我们更加紧密地团结在以习近平同志为核心的党中央周围，勿忘昨天的苦难辉煌，无愧今天的使命担当，不负明天的伟大梦想，以史为鉴、开创未来，全面落实“三高四新”战略定位和使命任务，为全面建设富强民主文明和谐美丽的社会主义现代化新湖南不懈奋斗！为实现中华民族伟大复兴的中国梦奋勇前进！

编者

2022 年 1 月

前　言

2021年是中国共产党成立100周年，在这个重要历史节点，以习近平同志为核心的党中央决定以十九届六中全会的召开为契机，对党的百年奋斗历程中取得的重大历史成就和历史经验进行总结，这对于进一步统一全党思想认识、坚定信心、开创未来，实现中华民族伟大复兴的中国梦具有重大的现实意义和历史意义。

党的十九届六中全会通过的《中共中央关于党的百年奋斗重大成就和历史经验的决议》第六部分中，把坚持理论创新作为中国共产党百年奋斗的历史经验的第三条，充分彰显了理论创新在党的百年发展历程中的重要地位和作用。中国共产党在革命、建设和改革的各个时期，坚持从具体实际出发，根据时代发展需要，坚持理论创新，不断推动马克思主义中国化实现新的飞跃。新民主主义革命时期，以毛泽东同志为主要代表的中国共产党人，把马克思列宁主义基本原理同中国具体实际相结合，对经过艰苦探索、付出巨大牺牲积累的一系列独创性经验作了理论概括，创立了毛泽东思想，实现了马克思主义中国化的第一次历史性飞跃。改革开放和社会主义现代化建设新时期，以邓小平同志、江泽民同志、胡锦涛同志为主要代表的中国共产党人从新的实践和时代特征出发坚持和发展了马克思主义，分别创立了邓小平理论、形成了“三个代表”重要思想和科学发展观等重大理论成果，这些成果构成了中国特色社会主义理论体系，实现了马克思主义中国化新的飞跃。中国特色社会主义进入新时代，以习近平同志为主要代表的中国共产党人，坚持把马克思主义基本原理同中国具体实际相结合、同优秀传统文化相结合，坚持毛泽东思想、邓小平理论、“三个代表”重要思想、科学发展观，深刻总结并充分运用党成立以来的历史经验，从新的实际出发，创立了习近平新时代中国特色社会主义思想，实现了马克思主义中国化新的飞跃。

站在新的历史起点上，深入学习和贯彻党的十九届六中全会精神，认真总结党的理论创新这一重大历史经验，坚持以习近平新时代中国特色社会主义思想为指导，继续推动实践基础上的理论创新，不断在新时代新征程上赢得更加伟大的胜利和荣光。

目　录

第一章

马克思主义是立党立国的根本指导思想

马克思主义是我们立党立国、兴党强国的根本指导思想。马克思主义理论不是教条而是行动指南，必须随着实践发展而发展，必须中国化才能落地生根、本土化才能深入人心。党之所以能够领导人民在一次次求索、一次次挫折、一次次开拓中完成中国其他各种政治力量不可能完成的艰巨任务，根本在于坚持解放思想、实事求是、与时俱进、求真务实，坚持把马克思主义基本原理同中国具体实际相结合、同中华优秀传统文化相结合，坚持实践是检验真理的唯一标准，坚持一切从实际出发，及时回答时代之问、人民之问，不断推进马克思主义中国化时代化。因此，坚持理论创新是中国共产党百年奋斗历程中得出的一条宝贵经验。

一、马克思主义是科学真理

马克思主义是科学真理，是先进的理论，它正确揭示了人类社会的发展规律。

习近平总书记指出，马克思是马克思主义的主要创始人，马克思主义是人类历史上的伟大创造。在人类思想史上，就科学性、真理性、影响力、传播面而言，没有一种思想理论能达到马克思主义的高度，也没有一种学说能像马克思主义那样对世界产生了如此巨大的影响。这体现了马克思主义的巨大真理威力和强大生命力，表明马克思主义对人类认识世界、改造世界、推动社会进步仍然具有不可替代的作用。1848 年 2 月，马克思恩格斯合著的《共产党宣言》的发表，标志着马克思主义正式诞生，自此经历了 170 多年的发展历程，其间既有过蓬勃发展的高光时刻，也有过失败曲折的低潮暗谷，但每一次都能够在历经磨难后向世界展现出新的姿态、新的发展形式，有力彰显了马克思主义强大的生机与活力。马克思主义之所以能够有如此之大的生命力，并对世界历史发展产生如此之大的影响力，最根本的原因就在于马克思主义是被实践证明了的集科学性、人民性、实践性以及开放性四者于一体的科学真理。

马克思主义是科学的理论。马克思主义之所以是科学的，就在于它科学地解答了时代问题，创造性地揭示了人类社会发展规律，为人类社会发展指明了方向。

面对 19 世纪人类发生的巨大变化，当时最伟大的哲学家、政治经济学家和社会学家都进行了自己的探索和解答。德国古典哲学最杰出的代表黑格尔和费尔巴哈从哲学上对如何认识人类社会发展规律作出了有益的探索，形成了黑格尔辩证法的合理内核和费尔巴哈唯物论的基本内核。但是，黑格尔辩证法建立在唯心主义基础之上，把人类历史发展的动力归结为“绝对精神”的作用，陷入唯心主义泥潭无法自拔。费尔巴哈的人本唯物主义虽然批判了黑格尔哲学体系，恢复了唯物主义的王座，但是他在对历史和时代问题的解答上却同样陷入唯心主义的立场。英国古典政治经济学家大卫·李嘉图和法国经济学家西斯蒙第，虽然对资本主义进行了深入分析，但是由于立场的局限和方法论的错误，都无法对资本主义社会的历史现象进行科学的说明。空想社会主义学说最杰出的代表法国的圣西门、傅立叶和英国的欧文，这三位大思想家揭露了资本主义制度所带来的种种罪恶和弊端，对资本主义制度进行了无情的批判，对未来取代资本主义社会的新型社会形态进行了大胆而富有天才的构想，但是却无法从理论上回答新型社会制度取代资本主义制度的历史必然性，也找不到实现这种变革的现实物质力量和实现变革的具体途径，只能陷于空想。因此，无论当时的哲学家、经济学家还是空想社会主义学说在对历史发展动力和资本主义前途命运等重大问题上都无法做出正确、科学、有效的回答。

这一任务就历史性地落到了马克思恩格斯的肩膀上。从 19 世纪 40 年代开始，马克思恩格斯在批判性地继承和吸收前人思想成果的基础上，通过参加革命斗争实践和艰辛的理论创造工作，创立了崭新的世界观即以主要创立人马克思命名的马克思主义，实现了人类思想史上的伟大革命，对时代向何处去以及资本主义社会历史命运等重大时代问题作出了科学的解答。马克思主义哲学包括辩证唯物主义和历史唯物主义两部分，将唯物史观与辩证法有机结合起来，既坚持了彻底的唯物主义又实现了方法论上的革命，为人们把握时代走向，观察世界形势、分析历史发展提供了一种科学的、崭新的世界观和方法论；马克思主义政治经济学以资本主义生产方式为研究对象，深度剖析了资本主义生产方式中生产力与生产关系之间固有的基本矛盾即无法克服生产社会化与生产资料私人占有之间的矛盾，更是由于剩余价值的发现，揭示了资本主义剥削工人的秘密所在，从而阐明了资本主义社会必然被社会主义社会所取代的历史发展规律；马克思主义科学社会主义学说则牢牢奠定在马克思恩格斯“两大发现”即哲学上的唯物史观和政治经济学上的剩余价值学说基础之上，使社会主义由空想变为科学，从根本上揭示了资本主义时代无产阶级革命的基本性质、无产阶级解放的基本条件以及无产阶级所肩负的历史使命，为社会主义革命指明了方向和途径。马克思主义哲学、马克思主义政治经济学和马克思主义科学社会主义学说是马克思主义的三个主要组成部分，科学揭示了人类社会发展的规律，阐明了社会主义取代资本主义的必然趋势，指明了历史发展方向。

马克思主义是人民的理论。坚守人民立场是由马克思主义理论本质所决定的。马克思主义理论所追求的社会主义社会和共产主义社会与以往的一切社会具有根本性质上的不同，以往的一切社会形态从人类进入阶级社会即奴隶社会开始，无论是封建社会取代奴隶社会，还是资本主义社会取代封建社会，都是用一种新的剥削和新的压迫取代一种旧的剥削、旧的压迫，本质上都是少数人统治多数人的社会形态，而无产阶级取代资产阶级统治的根本目的并不是为了剥削和压迫别的阶级，而是为了从根本上消灭阶级、消灭私有制这个阶级斗争的经济根源，创造出高度发达的社会主义生产力，极大提高人的思想境界，为进入共产主义社会创造条件，从而实现被压迫阶级和人民群众的彻底解放，即如马克思恩格斯在《共产党宣言》

中所指出的那样，代替那存在着阶级和阶级对立的资产阶级旧社会的，将是这样一个联合体，在那里，每个人的自由发展是一切人的自由发展的条件。因此，马克思主义是无产阶级和广大人民群众根本利益的体现。马克思指出，哲学把无产阶级当作自己的物质武器，同样，无产阶级也把哲学当作自己的精神武器。马克思主义第一次站在无产阶级和人民大众的立场上，阐明了无产阶级在资本主义社会中的历史地位和作用，唤起了无产阶级的阶级意识，使无产阶级由自在的阶级转变为自为的阶级，自觉组织起来为无产阶级和最广大人民群众根本利益而不懈奋斗。马克思主义之所以具有跨越国度、跨越时代的影响力，就是因为它植根于人民之中，指明了依靠人民推动历史前进的人间正道。

马克思主义是实践的理论。实践性是马克思主义的鲜明特性，实践观点是马克思主义认识论首要的、基本的观点。马克思明确指出，哲学家们只是用不同的方式解释世界，问题在于改变世界。习近平总书记进一步提出，马克思主义具有鲜明的实践品格，不仅致力于科学“解释世界”，而且致力于积极“改变世界”。这句话清晰地告诉我们马克思主义绝不是书斋中的经院哲学，不仅仅在于它能够解释世界，最主要的还在于以它为指导改造世界。这是因为马克思主义是从实践中创立的，也必然要回到实践中接受检验，并随着实践的发展而不断发展。正如马克思所说的，人的思维是否具有客观的真理性，这不是一个理论的问题，而是一个实践的问题。人应该在实践中证明自己思维的真理性，即自己思维的现实性和力量，亦即自己思维的此岸性。关于离开实践的思维的现实性或非现实性的争论，是一个纯粹经院哲学的问题。因此，马克思主义始终坚持理论与实践的高度统一，强调实践的第一性，在实践中坚持和发展真理，为人们认识世界和改造世界提供强大精神动力和思想指引。

马克思主义是开放的理论。马克思主义不是一成不变的学说、教条、教义，而是研究的方法，是开放的理论体系。列宁明确指出，马克思主义这一革命无产阶级的思想体系赢得了世界历史性的意义，是因为它并没有抛弃资产阶级时代最宝贵的成就，相反却吸收和改造了两千多年来人类思想和文化发展中一切有价值的东西。即马克思主义是开放的，是在与人类文明的碰撞中，在解答时代问题中不断发展着的理论，这也是自 1848 年马克思主义诞生 170 多年以来，始终保持强大生机与活力的根本原因。回顾马克思主义的发展历程，实际上就是一个不断在人类文明的实践过程中遇到新问题、总结新经验、进行创新发展的过程。如果把马克思主义当成教条，当成金科玉律，当成可以随意套用的公式和标签来解决问题那就完全违背了马克思主义的科学精神和实质。因此，马克思恩格斯在 1872 年为《共产党宣言》德文版所作的序言中指出，不管最近 25 年来的情况发生了多大的变化，这个《宣言》中阐述的一般原理整个说来直到现在还是完全正确的。这些原理的实际运用，正如《宣言》中所说的，随时随地都要以当时的历史条件为转移。习近平总书记明确指出，一部马克思主义发展史就是马克思、恩格斯以及他们的后继者们不断根据时代、实践、认识发展而发展的历史，是不断吸收人类历史上一切优秀思想文化成果丰富自己的历史。因此，马克思主义能够永葆其美妙之青春，不断探索时代发展提出的新课题、回应人类社会面临的新挑战。

二、历史和人民选择了马克思主义

马克思指出，理论在一个国家实现的程度，

总是决定于理论满足这个国家需要的程度。即理论能不能指导一个国家的实践发展，一方面要看理论本身是不是正确的，同时还要看这个国家需不需要这样的理论作为指导。而近代中国历史发展表明，中国历史和中国人民历经千辛万苦，经过反复比较，最终选择了马克思主义。实践证明，只有马克思主义才能解决中国社会发展所面临的问题，只有社会主义才能救中国，只有社会主义才能发展中国。

习近平总书记在庆祝中国共产党成立 100 周年大会上指出，中华民族是世界上伟大的民族，有着 5000 多年源远流长的文明历史，为人类文明进步作出了不可磨灭的贡献。1840 年鸦片战争以后，中国逐步成为半殖民地半封建社会，国家蒙辱、人民蒙难、文明蒙尘，中华民族遭受了前所未有的劫难。自此以后，追求民族独立、人民解放和国家富强、人民幸福成为近代中国社会面临的两大历史课题，而实现中华民族伟大复兴，就成为中国人民和中华民族最伟大的梦想。为了实现这个伟大梦想，拯救民族危亡，全体中华优秀儿女进行了艰苦斗争，无数仁人志士奋起反抗，太平天国运动、戊戌变法、义和团运动、辛亥革命接连而起，各种救国方案轮番出台，但都以失败而告终。各种社会思潮和主义包括改良主义、自由主义、社会达尔文主义、无政府主义、实用主义、民粹主义、工团主义等相继登台。而实践告诉我们，它们都无法有效解决中国社会的实际问题，也无法从根本上改变旧中国半殖民地半封建的社会性质和中国人民的悲惨命运。中国迫切需要新的思想引领救亡运动，迫切需要新的组织凝聚革命力量。正是在这样的历史背景下，十月革命一声炮响，给中国送来了马克思列宁主义。伟大的马克思主义者李大钊对十月革命给予高度评价，认为十月革命是世界革命的新纪元，是人类觉醒的新纪元。李大钊在《新纪元》中写道："我们在这黑暗的中国，死寂的北京，也仿佛分得那曙光的一线，好比在沉沉深夜中得一个小小的明星，照见新人生的路。"因此，十月革命的胜利，就像是深夜中的星星、黑暗中的曙光，让中国的先进知识分子们看到了希望。十月革命以后，马克思主义开始在中国广泛传播，并逐步与工人阶级运动紧密结合起来，并且在与当时各种社会思潮进行激烈的交锋和斗争过程中，使中国的先进知识分子在比较中认识到了马克思主义的科学性和真理性，从而逐步地抛弃了他们曾经信仰过的各种各样的"社会主义"和社会思潮，自觉选择和接受了马克思主义的科学社会主义，一大批在五四运动中崭露头角的先进青年和具有初步共产主义思想的先进分子如毛泽东、周恩来、瞿秋白等，成了早期的马克思主义者，为中国共产党的诞生奠定了良好的思想理论基础和组织基础。在中国人民和中华民族的伟大觉醒中，在马克思列宁主义同中国工人运动的紧密结合中，一九二一年七月中国共产党应运而生。中国产生了共产党，这是开天辟地的大事变，深刻改变了近代以后中华民族发展的方向和进程，深刻改变了中国人民和中华民族的前途和命运，深刻改变了世界发展的趋势和格局。中国共产党一经诞生，就把为中国人民谋幸福、为中华民族谋复兴确立为自己的初心使命。一百年来，中国共产党团结带领中国人民进行的一切奋斗、一切牺牲、一切创造，归结起来就是一个主题：实现中华民族伟大复兴。

为了实现中华民族伟大复兴，中国共产党团结带领中国人民，浴血奋战、百折不挠，创造了新民主主义革命的伟大成就。我们经过北伐战争、土地革命战争、抗日战争、解放战争，以武装的革命反对武装的反革命，推翻帝国主义、封建主义、官僚资本主义三座大山，建立了人民当家作主的中华人民共和国，实现了民族独立、人民解放。新民主主义革命的胜利，彻底结束了旧中国半殖民地半封建社会的历史，彻底结束了旧中国一盘散沙的局面，彻底废除了列强强加给中国的不平等条约和帝国主义在中国的一切特权，为实现中华民族伟大复兴创造了根本社会条件。中国共产党和中国人民以英勇顽强的奋斗向世界庄严宣告，中国人民站起来了，中华民族任人宰割、饱受欺凌的时代一去不复返了！

为了实现中华民族伟大复兴，中国共产党团结带领中国人民，自力更生、发愤图强，创造了社会主义革命和建设的伟大成就。我们进行社会主义革命，消灭在中国延续几千年的封建剥削压迫制度，确立社会主义基本制度，推进社会主义建设，战胜帝国主义、霸权主义的颠覆破坏和武装挑衅，实现了中华民族有史以来最为广泛而深刻的社会变革，实现了一穷二白、人口众多的东方大国大步迈进社会主义社会的伟大飞跃，为实现中华民族伟大复兴奠定了根本政治前提和制度基础。中国共产党和中国人民以英勇顽强的奋斗向世界庄严宣告，中国人民不但善于破坏一个旧世界、也善于建设一个新世界，只有社会主义才能救中国，只有社会主义才能发展中国！

为了实现中华民族伟大复兴，中国共产党团结带领中国人民，解放思想、锐意进取，创造了改革开放和社会主义现代化建设的伟大成就。我们实现新中国成立以来党的历史上具有深远意义的伟大转折，确立党在社会主义初级阶段的基本路线，坚定不移推进改革开放，战胜来自各方面的风险挑战，开创、坚持、捍卫、发展中国特色社会主义，实现了从高度集中的计划经济体制到充满活力的社会主义市场经济体制、从封闭半封闭到全方位开放的历史性转变，实现了从生产力相对落后的状况到经济总量跃居世界第二的历史性突破，实现了人民生活从温饱不足到总体小康、奔向全面小康的历史性跨越，为实现中华民族伟大复兴提供了充满新的活力的体制保证和快速发展的物质条件。中国共产党和中国人民以英勇顽强的奋斗向世界庄严宣告，改革开放是决定当代中国前途命运的关键一招，中国特色社会主义道路是指引中国发展繁荣的正确道路，中国大踏步赶上了时代！

为了实现中华民族伟大复兴，中国共产党团结带领中国人民，自信自强、守正创新，统揽伟大斗争、伟大工程、伟大事业、伟大梦想，创造了新时代中国特色社会主义的伟大成就。党的十八大以来，中国特色社会主义进入新时代，我们坚持和加强党的全面领导，统筹推进“五位一体”总体布局、协调推进“四个全面”战略布局，坚持和完善中国特色社会主义制度、推进国家治理体系和治理能力现代化，坚持依规治党、形成比较完善的党内法规体系，战胜一系列重大风险挑战，实现第一个百年奋斗目标，明确实现第二个百年奋斗目标的战略安排，党和国家事业取得历史性成就、发生历史性变革，为实现中华民族伟大复兴提供了更为完善的制度保证、更为坚实的物质基础、更为主动的精神力量。中国共产党和中国人民以英勇顽强的奋斗向世界庄严宣告，中华民族迎来了从站起来、富起来到强起来的伟大飞跃，实现中华民族伟大复兴进入了不可逆转的历史进程！

改革开放之初，邓小平同志明确指出，我们必须坚持社会主义道路。只有社会主义才能救中国，这是中国人民从五四运动到现在的切身体验中得出的不可动摇的历史结论。同时指出，必须把马克思主义的普遍真理同我国的具体实际结合起来，走自己的道路，建设有中国特色的社会主义，这就是我们总结长期历史经验得出的基本结论。因此，中国特色社会主义为什么好，最根本原因在于中国特色社会主义坚持了马克思主义普遍真理与中国的具体实际相结合，既坚持了科学社会主义基本原则，同时又赋予其鲜明的中国特色，其中坚持马克思主义普遍真理是前提，是中国特色社会主义为什么好的理论依据。走进新时代，习近平总书记明确指出，中国共产党坚持马克思主义基本原理，坚持实事求是，从中国实际出发，洞察时代大势，把握历史主动，进行艰辛探索，不断推进马克思主义中国化时代化，指导中国人民不断推进伟大社会革命，不断取得伟大历史成就。因此，中国共产党为什么能，根本原因就在于中国共产党坚持了马克思主义基本原理、立场、观点和方法，以此为指导进行伟大社会革命，从而取得了新民主主义革命、社会主义革命和建设、改革开放和社会主义现代化建设和开创中国特色社会主义新时代的伟大成就。没有马克思主义的指导，中国共产党也不可能取得如此之辉煌、伟大的历史成就。

因此，总结历史，得出来的就是一个结论，即中国共产党为什么能，中国特色社会主义为什么好，归根到底是因为马克思主义行！

三、理论创新是马克思主义的鲜明品质

时代是思想之母,实践是理论之源。时代在发展，实践在进步，理论也必然随之创新才能适应时代发展的需要，才能更好地指导实践。马克思主义理论是时代的产物，必须随着实践的发展而发展，因此，理论创新是马克思主义的鲜明品质。马克思自己也曾明确表示，“我不主张我们树起任何教条主义的旗帜”①，“我们不是以空论家的姿态，手中拿了一套现成的新

① 马克思，恩格斯．马克思恩格斯文集：第 10 卷［M］．北京：人民出版社，2009：7.

原理向世界喝道：真理在这里，向它跪拜吧！”[①] 马克思主义并没有终结真理，而是为我们进一步认识真理开辟了道路，提供了工具和方法。马克思主义诞生以后，马克思主义的继承者根据时代和发展要求，在实践的基础上不断推动理论创新，实现了马克思主义创新性发展。

当历史来到 19 世纪末和 20 世纪初的历史交汇期，资本主义国家已经由自由竞争阶段进入帝国主义阶段，世纪之交出现的许多新情况、新问题以及由此产生的理论分歧，要求马克思主义继承者承担起继往开来的历史任务，结合新的实践，对马克思主义作出新的发展。面对时代发展赋予的新任务，列宁对帝国主义时代资本主义发展的新特征、新趋势进行了深刻分

---

① 马克思，恩格斯. 马克思恩格斯全集：第 1 卷［M］. 北京：人民出版社，1956：418.

析，创造性地提出了帝国主义理论；针对帝国主义国家经济政治发展不平衡的规律，提出在帝国主义链条上的薄弱环节首先打开一个缺口，爆发社会主义革命，从而实现社会主义革命一国胜利的理论；十月革命胜利后，面对经济文化落后国家社会主义建设出现的新问题，列宁坚持从实践出发，提出从“战时共产主义”政策向新经济政策转变，明确指出要从本国国情出发来搞社会主义建设的理论。列宁对马克思主义理论的创新和发展，是时代的要求，反映了实践发展的需要，正是这一理论创新成功使社会主义由理论转变为实践，开辟了人类历史发展的新纪元，列宁也因此成为 20 世纪最伟大的马克思主义者之一而载入马克思主义发展史册。

列宁特别明确指出，在东方那些人口无比众多、社会情况无比复杂的国家里，今后的革命无疑会比俄国革命带有更多的特殊性。既然跟俄国国情不同，那东方国家共产党应该怎么办呢？列宁认为必须以共产主义的一般理论和实践为依据，适应欧洲各国所没有的特殊条件，善于把这种理论和实践运用于主要群众是农民、需要解决的斗争任务不是反对资本而是反对中世纪残余这样的条件。那就是在列宁看来，像中国、印度等这样的东方国家与俄国具体情况不同，不能把俄国的经验直接套搬到这些国家。这就同样要求我们中国共产党人必须从中国国情出发，努力探索马克思主义同中国革命实际相结合。

以毛泽东同志为主要代表的中国共产党人在革命和建设的长期实践中，深刻地认识到中国国情的特殊性，坚决反对教条主义和本本主义，把马克思列宁主义的基本原理同中国具体实际相结合，创立了毛泽东思想。毛泽东思想是马克思列宁主义在中国的创造性运用和发展，是被实践证明了的关于中国革命和建设的正确的理论原则和经验总结，是马克思主义中国化的第一次历史性飞跃。

“文化大革命”结束以后，在党和国家面临何去何从的重大历史关头，党深刻认识到，只有实行改革开放才是唯一出路，否则我们的现代化事业和社会主义事业就会被葬送。党的十一届三中全会以后，以邓小平同志为主要代表的中国共产党人，团结带领全党全国各族人民，深刻总结新中国成立以来正反两方面经验，围绕什么是社会主义、怎样建设社会主义这一根本问题，借鉴世界社会主义历史经验，创立了邓小平理论，解放思想，实事求是，作出把党和国家工作中心转移到经济建设上来、实行改革开放的历史性决策，深刻揭示社会主义本质，确立社会主义初级阶段基本路线，明确提出走自己的路、建设中国特色社会主义，科学回答了建设中国特色社会主义的一系列基本问题，制定了到二十一世纪中叶分三步走、基本实现社会主义现代化的发展战略，成功开创了中国特色社会主义。

党的十三届四中全会以后，以江泽民同志为主要代表的中国共产党人，团结带领全党全国各族人民，坚持党的基本理论、基本路线，加深了对什么是社会主义、怎样建设社会主义和建设什么样的党、怎样建设党的认识，形成了“三个代表”重要思想，在国内外形势十分复杂、世界社会主义出现严重曲折的严峻考验面前捍卫了中国特色社会主义，确立了社会主义市场经济体制的改革目标和基本框架，确立了社会主义初级阶段公有制为主体、多种所有制经济共同发展的基本经济制度和按劳分配为主体、多种分配方式并存的分配制度，开创全面改革开放新局面，推进党的建设新的伟大工程，成功把中国特色社会主义推向二十一世纪。

党的十六大以后，以胡锦涛同志为主要代

表的中国共产党人，团结带领全党全国各族人民，在全面建设小康社会进程中推进实践创新、理论创新、制度创新，深刻认识和回答了新形势下实现什么样的发展、怎样发展等重大问题，形成了科学发展观，抓住重要战略机遇期，聚精会神搞建设，一心一意谋发展，强调坚持以人为本、全面协调可持续发展，着力保障和改善民生，促进社会公平正义，推进党的执政能力建设和先进性建设，成功在新形势下坚持和发展了中国特色社会主义。

党深刻认识到，开创改革开放和社会主义现代化建设新局面，必须以理论创新引领事业发展。党领导和支持开展真理标准问题大讨论，从新的实践和时代特征出发坚持和发展马克思主义，科学回答了建设中国特色社会主义的发展道路、发展阶段、根本任务、发展动力、发展战略、政治保证、祖国统一、外交和国际战略、领导力量和依靠力量等一系列基本问题，形成中国特色社会主义理论体系，实现了马克思主义中国化新的飞跃。

党的十八大以来，中国特色社会主义进入新时代。以习近平同志为主要代表的中国共产党人，坚持把马克思主义基本原理同中国具体实际相结合、同中华优秀传统文化相结合，坚持毛泽东思想、邓小平理论、“三个代表”重要思想、科学发展观，深刻总结并充分运用党成立以来的历史经验，从新的实际出发，创立了习近平新时代中国特色社会主义思想。习近平同志对关系新时代党和国家事业发展的一系列重大理论和实践问题进行了深邃思考和科学判断，就新时代坚持和发展什么样的中国特色社会主义、怎样坚持和发展中国特色社会主义，建设什么样的社会主义现代化强国、怎样建设社会主义现代化强国，建设什么样的长期执政的马克思主义政党、怎样建设长期执政的马克思主义政党等重大时代课题，提出一系列原创性的治国理政新理念新思想新战略，是习近平新时代中国特色社会主义思想的主要创立者。习近平新时代中国特色社会主义思想是当代中国马克思主义、二十一世纪马克思主义，是中华文化和中国精神的时代精华，实现了马克思主义中国化新的飞跃。党确立习近平同志党中央的核心、全党的核心地位，确立习近平新时代中国特色社会主义思想的指导地位，反映了全党全军全国各族人民共同心愿，对新时代党和国家事业发展、对推进中华民族伟大复兴历史进程具有决定性意义。

第二章

毛泽东思想的创立

伟大的实践凝练创新的理论，百年沧桑巨变成就百年大党辉煌。毛泽东思想是马克思列宁主义在中国的创造性运用和发展，是被实践证明了的关于中国革命和建设的正确的理论原则和经验总结，是中国共产党集体智慧的结晶，是马克思主义中国化的第一次历史性飞跃。毛泽东思想的活的灵魂是贯穿于各个组成部分的立场、观点、方法，体现为实事求是、群众路线、独立自主三个基本方面，为党和人民事业发展提供了科学指引。

一、毛泽东思想创立的历史条件

毛泽东思想作为我们党的指导思想，其创立和发展绝非偶然而成，是近代以降中国社会矛盾发展和中国人民浴血奋斗的必然结果。毛泽东思想的创立和发展，具有源远流长、博大精深的学理逻辑，是马克思主义基本原理同中国革命和建设的具体实际相结合的伟大产物，是马克思主义中国化的第一次历史性飞跃。

1. 中国革命斗争需要新的理论指导

中华民族是一个历史悠久、富有反抗精神和革命斗争传统的伟大民族，创造了灿烂瞩目的思想文化，为人类文明进步作出了卓著不朽的历史贡献。近代以降，欧洲一些国家开始工业革命，确立先进的资本主义生产方式，逐步走上富强之路。而此时中国晚清王朝统治者却陶醉于“天朝上国”“康乾盛世”的美梦之中，夜郎自大、闭关自守，渐次式微、江河日下。1840年鸦片战争后，昏庸腐朽的清王朝在西方列强的坚船利炮面前遭到空前的失败，中国逐步成为半殖民地半封建社会，国家蒙辱、人民蒙难、文明蒙尘，中华民族遭受了前所未有的劫难，陷入了灾难深重的境地。由此两大历史性任务摆到了中国人民的面前：一是民族独立、人民解放；二是国家富强、人民幸福。

为了救国救民、复兴中华，先进的中国人诸如从鸦片战争时期的林则徐、魏源到戊戌变法运动的康有为、梁启超，从洋务运动的曾国藩、左宗棠到主张工业救国的民族先贤，从太平天国的洪秀全、洪仁玕到义和团运动的革命英烈，再到辛亥革命的孙中山等一大批人，都在“经过千辛万苦，向西方国家寻找真理”。他们“代表了在中国共产党出世以前向西方寻找真理的一派人物”[①]。他们学得很认真、很努力，也“很不少”，以为西方资产阶级文明、资产阶级民主主义可以救中国，但总是行不通，理想总是不能实现。“国家的情况一天一天坏，环境迫使人们活不下去。”帝国主义列强的侵略，完全打破了中国人学西方的迷梦。直到俄国十月革命一声炮响，给中国送来了马克思列宁主义。从那时候起，“中国人从思想到生活”，从经济建设到革命斗争，“才出现了一个崭新的时期”，才“找到了马克思列宁主义这个放之四海而皆准的普遍真理，中国的面目就起了变化了”。[②] 实践的挫折和失败，痛切地告诉中国人民，要完成民族独立、人民解放和国家富强、人民幸福的历史任务，不能依赖中国封建主义的传统文化，不能依赖西方资产阶级的诸多学

① 毛泽东. 毛泽东选集：第4卷［M］. 北京：人民出版社，1991：1469.

② 毛泽东. 毛泽东选集：第4卷［M］. 北京：人民出版社，1991：1470-1471.

说，必须寻找新的能够抵御和打败帝国主义、封建主义的强大思想武器。中国革命斗争迫切需要新的科学理论指导。毛泽东同志在总结中国革命胜利的历史经验时说，从 1840 年的鸦片战争到 1919 年的五四运动前夜，“共计七十多年中，中国人没有什么思想武器可以抗御帝国主义”。一些先进的中国人以为从“西方资产阶级革命时代的武器库中学来了进化论、天赋人权论和资产阶级共和国等项思想武器和政治方案”，就“可以外御列强，内建民国。但是这些东西也和封建主义的思想武器一样，软弱得很，又是抵不住，败下阵来，宣告破产了”。[①] 新的科学理论的产生和发展，已是不可阻挡的历史趋势。这就为马克思列宁主义在中国的传播、毛泽东思想的创立与发展，准备了思想政治前提和社会历史条件。

---

① 毛泽东. 毛泽东选集：第 4 卷［M］. 北京：人民出版社，1991：1513-1514.

2. 马克思列宁主义在中国的传播

恩格斯指出："一个民族要想站在科学的最高峰，就一刻也不能没有理论思维。"① 马克思列宁主义是科学理论，是中国共产党人进行革命和建设的强大思想武器。恩格斯曾经指出："我们党有个很大的优点，就是有一个新的科学的世界观作为理论的基础。"② 先进的中国人在经历了学习西方仍然无法实现救国救民愿望的痛苦实践之后，才觉悟到马克思列宁主义"阶级斗争"思想武器是科学真理。马克思列宁主义在中国的传播并武装中国共产党人，已是中国社会发展和时代进步的历史潮流和必由之路。马克思列宁主义在中国的传播，是经由俄国人发动十月革命而开始的。毛泽东同志指出了十

---

① 马克思，恩格斯. 马克思恩格斯文集：第9卷［M］. 北京：人民出版社，2009：437.

② 马克思，恩格斯，马克思恩格斯文集：第2卷［M］. 北京：人民出版社，2009：598-599.

月革命对中国革命发生的巨大历史震撼和伟大思想解放作用，说："中国人找到马克思主义，是经过俄国人介绍的。""十月革命帮助了全世界的也帮助了中国的先进分子，用无产阶级的宇宙观作为观察国家命运的工具，重新考虑自己的问题。走俄国人的路——这就是结论。"①这样，先进的中国人在痛苦的学习经历后"学得了一样新的东西"，选择了一种新的武器，"这就是马克思列宁主义"。从此以后，中国改换了方向，推动中国人民革命斗争形势发生了根本性变化。

马克思列宁主义在中国传播需要一定的社会思想条件。五四运动前的新文化运动为马克思列宁主义在中国的传播做了必要的思想准备。那时候，中国具有初步的共产主义思想觉悟的青年知识分子积极介绍马克思列宁主义。李大

---

① 毛泽东. 毛泽东选集：第4卷［M］. 北京：人民出版社，1991：1470-1471.

钊、陈独秀就是优秀代表。他们创办马克思主义的理论刊物，撰写马克思列宁主义的理论文章，热情讴歌十月革命，推介阶级斗争学说，在中国掀起一个学习和宣传马克思列宁主义的新高潮。李大钊先后发表了《法俄革命之比较观》《庶民的胜利》《布尔什维主义的胜利》《我的马克思主义观》等文章。他还将自己轮值主编的《新青年》第 6 卷第 5 号编成“马克思主义研究”专号，发表一系列介绍马克思生平学说和贡献的文章，比较系统地介绍马克思主义基本原理。1920 年 3 月，李大钊在北京大学成立了“马克思学说研究会”，创办《每周评论》，指导进步青年学习、研究和宣传马克思列宁主义。这一时期，五四运动的“总司令”陈独秀也迅速地转向马克思主义，积极努力宣传马克思列宁主义。他把当时全国最有影响意义的新思潮杂志《新青年》由上海迁到北京，成为中国当时传播马克思列宁主义的主阵地。此外，上海《星期评论》《建设》以及《民国日报》的副刊《觉悟》，北京《少年中国》《曙光》和《新社会》，天津《天津学生联合会报》《觉悟》，湖南长沙《湘江评论》，四川成都《星期日》，湖北武汉《武汉星期评论》，浙江杭州《浙江新潮》等革命进步刊物，似雨后春笋层出不穷。与此同时，一批进步社团诸如"少年中国学会""新潮社""新民学会""互助社"等，星罗棋布。这些进步刊物和社团，为马克思列宁主义在中国的传播和深入人心，起到了不同程度的推动作用，作出了不可磨灭的历史贡献。

马克思列宁主义是无产阶级革命战斗的科学理论，但在中国这样一个半殖民地半封建的落后东方大国中传播和运用，不可能不遇到种种反马克思主义思潮的反对。在中国共产党成立前后，马克思列宁主义同当时中国的主要反马克思主义思潮展开了三次论争。一是五四运动后，以李大钊为代表的马克思列宁主义同以胡适为代表的资产阶级改良主义之间的“问题与主义”的论争；二是 1920 年冬至 1921 年间，以李大钊、陈独秀、李达为代表的马克思列宁主义同以张东荪、梁启超为代表的资产阶级改良主义之间“关于社会主义”的论争；三是 1919 年 5 月至 1922 年间，以陈独秀、李达为代表的马克思列宁主义同以黄凌霜、区声白为代表的无政府主义之间的论争。正如李大钊在同胡适的论争中所说：“大凡一个主义，都有理想与实用两个方面。例如民主主义的理论，不论在哪一国，大致都很相同。把这个理想适用到实际的政治上去，那就因时、因所、因事的性质，有所不同。社会主义，亦复如是。”“一个社会主义者，为使他的主义在世界上发生一些影响，必须要研究怎么可以把他的理想尽量应用于环绕着他的实境。所以现代的社会主义，包含着许多把它的精神变作实际的形式使合于现在需要的企图。这可以证明主义的本性，原有适应实际的可能性”。[①] 这三次论争，为中国共产党诞生和毛泽东思想的创立和发展，做了思想上和理论上的充分准备。

3. 中国共产党的创建和马克思列宁主义与中国革命实践的初步结合，奠定了毛泽东思想的坚实理论条件和组织基础

中国共产党的创建和毛泽东思想的创立与发展，是马克思列宁主义同中国革命具体实际相结合的产物。这一思想理论要义，1941 年 5 月，毛泽东同志在《改造我们的学习》中进行了科学阐论，指出：“中国共产党的二十年，就是马克思列宁主义的普遍真理和中国革命的具体实践日益结合的二十年。”[②] 中国共产党把马

① 李大钊. 李大钊文集：下［M］. 北京：人民出版社，1984：34.

② 毛泽东. 毛泽东选集：第 3 卷［M］. 北京：人民出版社，1991：795.

克思列宁主义的科学思想武器应用于解决中国社会问题，由此形成了马克思主义中国化的伟大理论成果即毛泽东思想。

对于中国革命胜利发展进程，毛泽东同志做了真理性的揭示，指出："马克思列宁主义的普遍真理一经和中国革命的具体实践相结合，就使中国革命的面目为之一新。"[①] 20 世纪初，中国是一个幅员辽阔、人口众多、情况复杂、经济文化比较落后的半殖民地半封建社会，幼年时期的中国共产党在这种国情背景条件下对马克思列宁主义理论的认识和把握还很不够。正如毛泽东同志1962 年 1 月在扩大的中央工作会议上回顾中国革命斗争经历时说：共产党人革命热情很高，"过去，特别是开始时期，我们只是一股劲儿要革命，至于怎么革法，革些什么，哪些先革，哪些后革，哪些要到下一阶段

---

① 毛泽东. 毛泽东选集：第 3 卷［M］. 北京：人民出版社，1991：796.

才革，在一个相当长的时间内，都没有弄清楚，或者说没有完全弄清楚。”[1] 党的一大“纲领”只是明确宣告把“推翻资本家阶级的政权”“消灭资本家私有制”“承认无产阶级专政”作为奋斗目标，尚未提出革命斗争的具体道路、方式、手段等实际问题。党的二大根据中国特殊国情提出中国革命分“两步走”的设想，即第一步实行反帝反封建的资产阶级民主主义革命，第二步实行无产阶级的社会主义革命和建设。1924 年—1927 年的第一次国共合作，实行反帝反封建的国民革命，以工农为主体的革命风暴席卷全中国。中国共产党经过这一革命斗争实践，虽然对中国的历史状况和社会状况、中国革命斗争特点、中国革命斗争规律的认识有所进步，但对马克思列宁主义理论和中国革命斗争策略还没有完整、深刻、统一、科学地

---

① 毛泽东. 毛泽东文集：第 8 卷［M］. 北京：人民出版社，1999：300.

了解和把握。2021 年 11 月，党的十九届六中全会总结这一时期的革命斗争历史经验时指出："建党之初和大革命时期，党制定民主革命纲领，发动工人运动、青年运动、农民运动、妇女运动，推进并帮助国民党改组和国民革命军建立，领导全国反帝反封建伟大斗争，掀起大革命高潮。一九二七年国民党内反动集团叛变革命，残酷屠杀共产党人和革命人民，由于党内以陈独秀为代表的右倾思想发展为右倾机会主义错误并在党的领导机关中占了统治地位，党和人民不能组织有效抵抗，致使大革命在强大的敌人突然袭击下遭到惨重失败。"① 这些历史事实充分证明，中国共产党只有把马克思列宁主义基本原理同中国革命具体实际正确地结合起来，制定符合中国国情的民主革命纲领，找到中国独特的革命道路，创造自己的伟大思想理论，才能引导

---

① 中共中央关于党的百年奋斗重大成就和历史经验的决议[M]. 北京：人民出版社，2021：4.

革命走上成功之道、胜利之路。中国共产党的创建和发展，马克思列宁主义基本原理同中国革命具体实践的初步结合，为毛泽东思想的创立和发展，奠定了坚实的思想理论条件和组织基础。

4. 毛泽东思想创立和发展的历史过程

毛泽东思想是以毛泽东同志为主要代表的中国共产党人，在中国新民主主义革命、社会主义革命和建设的伟大实践过程中总结历史经验的基础上创立和发展起来的。其历史发展过程，主要表现为以下几个方面：

（1）毛泽东思想的创立。第一次国内革命战争时期，毛泽东同志以马克思列宁主义为指导，深入实际调查研究，在《中国社会各阶级的分析》《湖南农民运动考察报告》等著作中分析了中国社会各阶级阶层在革命斗争中的地位和作用，提出了新民主主义革命的基本思想。

土地革命战争时期，以毛泽东同志为主要代表的中国共产党人坚持马克思主义基本原理同中国革命的具体实际相结合的基本原则，在探索中国革命新道路的具体实践中，在同党内一度盛行的把马克思主义教条化、把共产国际和苏联经验神圣化的错误倾向的斗争中，逐步开辟了农村包围城市、武装夺取政权的革命道路。毛泽东同志在《中国的红色政权为什么能够存在?》《井冈山的斗争》《星星之火，可以燎原》《反对本本主义》等著作中，提出并阐论了农村包围城市、武装夺取政权的科学思想，标志着毛泽东思想的初步创立。

（2）毛泽东思想的成熟。1935 年 1 月遵义会议后，毛泽东同志全面系统地总结党领导中国革命特别是土地革命战争以来的历史经验，深入分析中国革命具体实际情况，在《实践论》《矛盾论》两篇哲学著作中运用马克思主义唯物辩证法和认识论，全面系统地剖析了党内“左”

倾教条主义和右倾机会主义的错误思想根源。毛泽东同志在《〈共产党人〉发刊词》《中国革命和中国共产党》《新民主主义论》《论联合政府》等著作中，科学阐述了新民主主义革命的性质、对象、动力、领导力量、依靠力量和发展前途等基本问题，提出了新民主主义革命的总路线，制定了新民主主义经济、政治、文化三大纲领，指明了新民主主义革命的具体目标。毛泽东同志还详细论述了统一战线、武装斗争、党的建设的基本规律和内在逻辑，为新民主主义革命胜利找到了正确方法。这一时期，对新民主主义革命理论的系统阐述，实现了马克思主义基本原理同中国革命具体实践相结合的历史性飞跃，标志着毛泽东思想得到多方面展开而趋于成熟。1945 年党的七大将毛泽东思想写入党章，确立为我们党必须长期坚持的指导思想。

（3）毛泽东思想的继续发展。解放战争和

新中国成立后，以毛泽东同志为主要代表的中国共产党人总结提出了人民民主专政理论、社会主义改造理论、关于正确区分和处理两类不同性质矛盾特别是正确处理人民内部矛盾的学说。毛泽东同志明确提出了要把马克思主义基本原理同中国社会主义革命和建设的具体实际实行“第二次结合”，“找出在中国怎样建设社会主义的道路”[①] 的任务，并为开辟符合中国国情的社会主义建设道路进行了艰辛探索。这一时期，形成关于社会主义革命和建设的重要思想，集中体现在毛泽东同志的《在中国共产党第七届中央委员会第二次全体会议上的报告》《论人民民主专政》《论十大关系》《关于正确处理人民内部矛盾的问题》《在扩大的中央工作会议上的讲话》等著作中，与时俱进地实现了马克思主义中国化的历史性飞跃，在社会主义

---

① 逄先知，金冲及．毛泽东传（1949—1976）：上［M］．北京：中央文献出版社，2003：506.

建设中继续发展毛泽东思想。

二、毛泽东思想的主要内容和活的灵魂

毛泽东思想是在中国革命和社会主义建设的伟大实践中创立和发展起来的科学理论，具有丰富的内涵和完整的理论体系。

1. 毛泽东思想的科学内涵

毛泽东思想作为一个科学范畴被明确提出是在延安整风期间。我们党的百年奋斗历程，总结重大成就和历史经验，形成了具有重大历史意义的《关于若干历史问题的决议》《关于建国以来党的若干历史问题的决议》《中共中央关于党的百年奋斗重大成就和历史经验的决议》三个重要“决议”。这三个“决议”，对毛泽东思想的科学内涵进行了历史的、辩证的、实事

求是的概括和阐述，使毛泽东思想的科学性、真理性、指导性得以深化和提高，彰显了毛泽东思想的闪亮光辉。

1945 年 4 月，党的六届七中全会通过的《关于若干历史问题的决议》指出："二十四年来中国革命的实践证明了，并且还在证明着，毛泽东同志所代表的我们党和全国广大人民的奋斗方向是完全正确的。"中国革命历史发展"到了今天，全党已经空前一致地认识了毛泽东同志的路线的正确性，空前自觉地团结在毛泽东的旗帜下了。以毛泽东同志为代表的马克思列宁主义的思想更普遍地更深入地掌握干部、党员和人民群众的结果，必将给党和中国革命带来伟大的进步和不可战胜的力量"。[1] 这个论断中，提出了"以毛泽东同志为代表的马克思列宁主义的思想"，无疑地具有毛泽东思想

① 毛泽东.毛泽东选集：第 3 卷［M］.北京：人民出版社，1991：998-999.

的科学意蕴。1945 年党的七大，刘少奇作关于修改党章的报告，在我们党内首次对毛泽东思想的科学内涵做了比较权威的界定，指出："毛泽东思想，就是马克思列宁主义的理论与中国革命的实践之统一的思想，就是中国的共产主义，中国的马克思列宁主义。""毛泽东思想，就是马克思主义在目前时代的殖民地、半殖民地、半封建国家民族民主革命中的继续发展，就是马克思主义民族化的优秀典型。"① 刘少奇这一界定及其阐释，比较符合当时的历史实际，科学正确地揭示了毛泽东思想的本质要义，对于确立毛泽东思想在全党的指导地位、推动广大党员干部更好地理解和把握毛泽东思想的科学内涵，起到了重要作用。

1981 年 6 月，党的十一届六中全会通过的《关于建国以来党的若干历史问题的决议》，总

---

① 刘少奇. 刘少奇选集：上卷［M］. 北京：人民出版社，1981：333.

结了党的七大以来关于毛泽东思想学习和宣传中的历史经验，对毛泽东思想的科学内涵做了新的论述和概括，指出："毛泽东思想是马克思列宁主义在中国的运用和发展，是被实践证明了的关于中国革命的正确的理论原则和经验总结，是中国共产党集体智慧的结晶。"[①] 1982 年 9 月，党的十二大对上述概括的第二句话做了补充，增加了"和建设"三个字，修改表达为"是被实践证明了的关于中国革命和建设的正确的理论原则和经验总结"。2021 年 11 月，党的十九届六中全会通过的《中共中央关于党的百年奋斗重大成就和历史经验的决议》全面回顾和总结了建党一百年来的重大成就和历史经验，特别是在前述的党的两个"决议"关于毛泽东思想创立和发展、毛泽东思想的科学体系和历史地位的基础上，又与时俱进地做了新的论述

---

① 关于建国以来党的若干历史问题的决议（注释本）[M]. 北京：人民出版社，1983：47.

和概括，指出：“在革命斗争中，以毛泽东同志为主要代表的中国共产党人，把马克思列宁主义基本原理同中国具体实际相结合，对经过艰苦探索、付出巨大牺牲积累的一系列独创性经验作了理论概括，开辟了农村包围城市、武装夺取政权的正确革命道路，创立了毛泽东思想，为夺取新民主主义革命胜利指明了正确方向。”① “毛泽东思想是马克思列宁主义在中国的创造性运用和发展，是被实践证明了的关于中国革命和建设的正确的理论原则和经验总结，是马克思主义中国化的第一次历史性飞跃。”②这个新论述，与党的十一届六中全会《关于建国以来党的若干历史问题的决议》比较，第一句话，增加了“创造性”三个字，阐论了毛泽东思想是对马克思列宁主义的创造性发展

① 中共中央关于党的百年奋斗重大成就和历史经验的决议［M］．北京：人民出版社，2021：7.

② 中共中央关于党的百年奋斗重大成就和历史经验的决议［M］．北京：人民出版社，2021：13.

和创造性贡献，突出了毛泽东思想的科学性、实践性、原创性特征；第二句话，沿用了党的十二大对党的十一届六中全会《关于建国以来党若干历史问题的决议》中关于毛泽东思想的定义的补充性提法；第三句话，是对党的十一届六中全会《关于建国以来党的若干历史问题的决议》关于毛泽东思想内涵的新总结、新概括，是对习近平总书记《在纪念毛泽东同志诞辰120周年座谈会上的讲话》关于“毛泽东思想以独创性理论丰富和发展了马克思列宁主义”① 的进一步升华，彰显了我们党解放思想、实事求是、与时俱进的政治态度和理论品格，极大丰富和发展了马克思主义。

2. 毛泽东思想科学体系的科学概括

关于毛泽东思想的科学理论体系，我们党

① 习近平关于“不忘初心、牢记使命”重要论述选编［M］. 北京：党建读物出版社，中央文献出版社，2019：113.

进行全面系统、比较完整的论述和概括，主要有两次。第一次，是 1945 年 5 月刘少奇在党的七大作关于修改党章的报告，将毛泽东思想的科学体系概括为九个方面，这就是“关于现代世界情况及中国国情的分析，关于新民主主义的理论与政策，关于解放农民的理论与政策，关于革命统一战线的理论与政策，关于革命战争的理论与政策，关于革命根据地的理论与政策，关于建设新民主主义共和国的理论与政策，关于建设党的理论与政策，关于文化的理论与政策等。这些理论与政策，完全是马克思主义的，又完全是中国的。这是中国民族智慧的最高表现和理论上的最高概括。”① 刘少奇从九个方面概括和归纳毛泽东思想的科学体系，涵盖了当时毛泽东思想科学理论体系的主要内容，是我们党对毛泽东思想的科学体系的初步概括、

① 刘少奇. 刘少奇选集：上卷［M］. 北京：人民出版社，1981：335.

归纳和表达，丰富和发展了马克思主义。

第二次，是党的十一届六中全会通过的《关于建国以来党的若干历史问题的决议》对毛泽东思想的科学体系进行全面完整概括和系统深刻论述，主要是“六个方面的内容”“三个活的灵魂”（后有专论，此不赘述）。这是目前关于毛泽东思想的科学体系的权威概括和科学论述。

3. 毛泽东思想的基本内容

毛泽东思想紧紧围绕中国革命和社会主义建设的重大问题，提出了一系列相互关联、内在统一的重要理论观点，构成了一个完整的科学理论体系。毛泽东思想从以下六个方面，以独创性的理论丰富和发展了马克思列宁主义。

（1）关于新民主主义革命。党的十一届六中全会通过的《关于建国以来党的若干历史问题的决议》指出："毛泽东同志从中国的历史状况和社会状况出发，深刻研究中国革命的特点和中国革命的规律，发展了马克思列宁主义关于无产阶级在民主革命中的领导权的思想，创立了无产阶级领导的，工农联盟为基础的，人民大众的，反对帝国主义、封建主义和官僚资本主义的新民主主义革命的理论。"[①] 这一理论的基本点，一是认为中国资产阶级有两部分：依附于帝国主义的大资产阶级和既有革命性又有妥协性、动摇性的民族资产阶级。无产阶级领导的统一战线要争取民族资产阶级，并且在面对外敌侵略的特殊条件下可以把一部分大地主、大资产阶级也包括在内，以求最大限度地孤立最主要的敌人。在同资产阶级结成统一战线时，必须保持无产阶级的独立性，实行又团结又斗争、以斗争求团结的政策；在被迫同资

① 关于建国以来党的若干历史问题的决议（注释本）［M］. 北京：人民出版社，1983：48.

产阶级主要是同大地主、大资产阶级分裂时，要敢于和勇于同他们进行坚决的武装斗争，同时要继续争取民族资产阶级的同情或中立。二是认为由于帝国主义的侵略，加之中国没有资产阶级民主，因此中国革命只能以长期的武装斗争为主要形式。中国的武装斗争，是无产阶级领导的以工农联盟为主体的革命战争，通过建立农村革命根据地，进行长期的革命斗争，发展和壮大革命力量，开创了一条以农村包围城市、最后夺取全国胜利的革命道路。毛泽东同志指出："统一战线，武装斗争，党的建设，是中国共产党在中国革命中战胜敌人的三个法宝，三个主要的法宝。这是中国共产党的伟大成绩，也是中国革命的伟大成绩。"① 这一理论的主要代表作有《中国社会各阶级的分析》《湖南农民运动考察报告》《星星之火，可以燎原》

---

① 毛泽东. 毛泽东选集：第 2 卷 [M]. 北京：人民出版社，1991：606.

《〈共产党人〉发刊词》《新民主主义论》《论联合政府》《目前形势和我们的任务》等。这一理论，是反映新民主主义革命客观规律的完备化系统化的理论形态。

（2）关于社会主义革命和社会主义建设。党的十一届六中全会通过的《关于建国以来党的若干历史问题的决议》指出："毛泽东同志和中国共产党，依据新民主主义革命胜利所创造的向社会主义过渡的经济政治条件，采取社会主义工业化和社会主义改造同时并举的方针，实行逐步改造生产资料私有制的具体政策，从理论和实践上解决了在中国这样一个占世界人口近四分之一的、经济文化落后的大国中建立社会主义制度的艰难任务。"这一理论的基本点，一是提出了人民民主专政的理论，丰富和发展了马克思列宁主义关于无产阶级专政的学说。毛泽东同志指出："对人民内部的民主方面和对反动派的专政方面，互相结合起来，就是人民民主专政。”[①] 二是在社会主义制度下提出了一系列具有战略意义的正确思想和方针。这些思想和方针主要是关于社会主义社会的基本矛盾、严格区分和正确处理敌我矛盾和人民内部矛盾的思想；关于在人民内部政治上实行“团结——批评——团结”的方针，在党与民主党派的关系上实行“长期共存、互相监督”的方针，在科学文化工作中实行“百花齐放、百家争鸣”的方针，在经济工作以及其他各项工作中实行“统筹兼顾、适当安排”的方针；关于从中国国情出发，提出要实行以工业为主导、以农业为基础，正确处理重工业同农业、轻工业的发展关系，走出一条中国社会主义工业化道路的思想；关于社会主义建设中要处理好十大矛盾、十大问题、十大关系，处理好积累与消费的关系，注意综合平衡等思想；关于调动

---

① 毛泽东. 毛泽东选集：第4卷［M］. 北京：人民出版社，1991：1475.

一切积极因素，化消极因素为积极因素，团结全党全国各族人民建设社会主义强大国家的思想；关于造成又有集中又有民主，又有纪律又有自由，又有统一意志又有个人心情舒畅、生动活泼，那样一种政治局面的思想；关于社会主义建设要实行干部参加劳动、工人参加管理，改革不合理的规章制度，领导干部、工人群众和技术人员相结合的即“两参一改三结合”思想；等等。这一理论的主要代表作有《在中国共产党第七届中央委员会第二次全体会议上的报告》《论人民民主专政》《论十大关系》《关于正确处理人民内部矛盾的问题》《在扩大的中央工作会议上的讲话》等。这些正确的思想、方针和主张，对全党积极艰辛探索中国社会主义建设道路具有重大指导意义，推进我国社会主义建设不断发展。

（3）关于革命军队的建设和军事战略。党的十一届六中全会通过的《关于建国以来党的若干历史问题的决议》指出："毛泽东同志系统地解决了以农民为主要成分的革命军队如何建设成为一支无产阶级性质的、具有严格纪律的、同人民群众保持亲密联系的新型人民军队的问题。"这一理论的基本点，一是规定了全心全意为人民服务是人民军队的唯一宗旨，规定了党指挥枪的原则，制定了三大纪律八项注意，强调实行政治、经济、军事三大民主，实行官兵一致、军民一致、瓦解敌军的原则，提出和总结了一套军队政治工作的方针和方法。二是总结中国长期革命战争的经验，系统地提出了建设人民军队的思想，提出了以人民军队为骨干，依靠广大人民群众，建立农村根据地，进行人民战争的思想。三是提出了中国革命开展游击战争的战略思想。我们党和毛泽东同志认为中国革命战争在长时期内的主要作战形式是游击战和带游击性的运动战。四是总结中国革命经验，制定了在敌强我弱的形势下实行战略的持久战和战役、战斗的速决战，把战略上的劣势转变为战役、战斗上的优势，集中优势兵力、各个歼灭敌人等一系列人民战争的战略战术。五是总结提出了著名的十大军事原则，等等。这一理论的主要代表作有《关于纠正党内的错误思想》《中国革命战争的战略问题》《抗日游击战争的战略问题》《论持久战》《战争和战略问题》等。这一理论，是毛泽东同志对马克思列宁主义军事理论极为杰出的贡献。在新中国成立后，毛泽东同志提出了“提高警惕，保卫祖国”的方针，提出了加强国防，建设社会主义现代化革命武装力量和发展社会主义现代化国防技术的重要指导思想。

（4）关于政策和策略。党的十一届六中全会通过的《关于建国以来党的若干历史问题的决议》指出：“毛泽东同志精辟地论证了革命斗争中政策和策略问题的极端重要性，指出政策和策略是党的生命，是革命政党一切实际行动的出发点和归宿，必须根据政治形势、阶级关系和实际情况及其变化制定党的政策，把原则性和灵活性结合起来。”毛泽东同志在总结革命斗争实践经验的基础上提出了许多重要的政策和策略思想，主要有：弱小的革命力量在变化着的主客观条件下能够最终战胜强大的反动力量；战略上要藐视敌人，战术上要重视敌人；要掌握斗争的主要方向，不要四面出击；对敌人要区别对待、分化瓦解，实行利用矛盾、争取多数、反对少数、各个击破的策略；在反动统治地区，把合法斗争和非法斗争结合起来，在组织上采取荫蔽精干的方针；对被打倒的反动阶级成员和反动分子，只要他们不造反、不捣乱，都给以生活出路，让他们在劳动中改造成为自食其力的劳动者；无产阶级及其政党要实现自己对同盟者的领导，必须具备两个条件：一是率领被领导者向着共同的敌人作坚决斗争并取得胜利；二是对被领导者给以物质利益，至少不损害其利益，同时给以政治教育，等等。这一理论的主要代表作有《目前抗日统一战线中的策略问题》《论政策》《关于打退第二次反共高潮的总结》《关于目前党的政策中的几个重要问题》《不要四面出击》《关于帝国主义和一切反动派是不是真老虎的问题》等，闪烁着马克思列宁主义军事思想的光辉。

（5）关于思想政治工作和文化工作。党的十一届六中全会通过的《关于建国以来党的若干历史问题的决议》指出：毛泽东同志在《新民主主义论》中深刻阐述了文化与政治、经济三者的内在关系，形成一系列基本观点、基本原理，“在这方面提出过许多具有长远意义的重要思想”。[①] 这一理论的基本点，一是提出思想政治工作是经济工作和其他一切工作的生命线的思想，实行政治和经济的统一、政治和技术

① 关于建国以来党的若干历史问题的决议（注释本）[M]. 北京：人民出版社，1983：53.

的统一、又红又专的方针；二是提出发展民族的、科学的、大众的文化，实行百花齐放、推陈出新、古为今用、洋为中用的方针；三是提出知识分子在中国革命和社会主义革命与建设中具有重要作用，知识分子要同工农相结合，通过学习马克思列宁主义、学习社会和工作实践树立无产阶级世界观的思想；四是提出“为什么人的问题，是一个根本的问题，原则的问题”，强调要全心全意为人民服务，对革命工作要极端负责，要艰苦奋斗和不怕牺牲，等等。这一理论的主要代表作有《青年运动的方向》《大量吸收知识分子》《在延安文艺座谈会上的讲话》《纪念白求恩》《为人民服务》《愚公移山》等。这些重要著作，对于新时代加强思想政治工作和社会主义文化建设仍然具有重大现实指导意义。

（6）关于党的建设。党的十一届六中全会通过的《关于建国以来党的若干历史问题的决议》指出："在无产阶级人数很少而战斗力很强，农民和其他小资产阶级占人口大多数的国家，建设一个具有广大群众性的、马克思主义的无产阶级政党，是极其艰巨的任务。毛泽东同志的建党学说成功地解决了这个问题。"这一理论的基本点，一是提出着重于思想上建党的观点。毛泽东同志特别注重从思想上建设党，要求党员不仅要在组织上入党，而且要在思想上入党，经常注意以无产阶级思想改造和克服各种非无产阶级思想。二是总结提炼出党的三大优良作风。毛泽东同志指出，理论和实践相结合的作风，和人民群众紧密地联系在一起的作风，以及自我批评的作风，是中国共产党区别于其他任何政党的显著标志。三是总结提出"团结——批评——团结"的方针。毛泽东同志要求党内积极开展思想斗争、思想建设，坚持"惩前毖后、治病救人"的原则，通过党内思想斗争达到既弄清思想又团结同志的目的。他创造了在全党通过批评与自我批评进行马克思列宁主义思想教育的整风形式。四是提出新中国成立后我们党在执政条件下全党同志保持“两个务必”的重要思想，即“务必使同志们继续地保持谦虚、谨慎、不骄、不躁的作风，务必继续地保持艰苦奋斗的作风”。[①] 这一理论的主要代表作有《反对自由主义》《中国共产党在民族战争中的地位》《改造我们的学习》《整顿党的作风》《反对党八股》《学习和时局》《关于健全党委制》《党委会的工作方法》等。这些重要思想和观点，为马克思主义建党理论增添了新的内容，为党的建设指明了正确方向，为新时代新征程上以改革创新精神推进党的建设新的伟大工程提供了科学世界观和方法论，确保我们党长期执政，国家长治久安、国泰民安。

---

① 毛泽东. 毛泽东选集：第4卷［M］. 北京：人民出版社，1991：1438—1439.

4. 毛泽东思想三个活的灵魂

毛泽东同志把辩证唯物主义和历史唯物主义运用于无产阶级政党的全部工作，在中国革命和建设的长期艰苦奋斗中形成了具有中国共产党人特色的立场、观点和方法，极大丰富和发展了马克思列宁主义。它们不仅表现在《反对本本主义》《实践论》《矛盾论》《〈农村调查〉的序言和跋》《关于领导方法的若干问题》《人的正确思想是从哪里来的?》等重要著作中，而且表现在毛泽东同志的全部科学著作中，表现在中国共产党人的革命活动中。1981 年 6 月，党的十一届六中全会通过了《关于建国以来党的若干历史问题的决议》。该决议概括提出毛泽东思想三个活的灵魂，指出："毛泽东思想的活的灵魂，是贯串于上述各个组成部分的立场、观点和方法，它们有三个基本方面，即实事求是，群众路线，独立自主。"毛泽东思想三个活的灵魂，极大丰富和发展了毛泽东思想体系。2013 年 12 月 26 日，习近平总书记《在纪念毛泽东同志诞辰 120 周年座谈会上的讲话》中阐述毛泽东思想活的灵魂，突出强调了党的十一届六中全会《关于建国以来党的若干历史问题的决议》中的观点，指出："毛泽东思想活的灵魂是贯穿其中的立场、观点、方法，它们有三个基本方面，这就是实事求是、群众路线、独立自主。在新形势下，我们要坚持和运用好毛泽东思想活的灵魂，把我们党建设好，把中国特色社会主义伟大事业继续推向前进。"2021 年 11 月，党的十九届六中全会通过的《中共中央关于党的百年奋斗重大成就和历史经验的决议》，关于毛泽东思想活的灵魂，基本上沿用了党的十一届六中全会《关于建国以来党的若干历史问题的决议》和习近平总书记《在纪念毛泽东同志诞辰120 周年座谈会上讲话》的提法，指出："毛泽东思想的活的灵魂是贯穿于各个组成部分的立场、观点和方法，体现为实事求是、群众路线、独立自主三个基本方面，为党和人民事业发展提供了科学指引。”

（1）实事求是。就是从实际出发，理论联系实际，坚持在实际中检验真理和发展真理。毛泽东同志从来就反对脱离中国社会实际而孤立地去研究马克思列宁主义。他总结我们党领导革命和建设的历史经验，定义了实事求是的科学内涵，指出：“‘实事’就是客观存在着的一切事物，‘是’就是客观事物的内部联系，即规律性，‘求’就是我们去研究。”① 习近平总书记《在纪念毛泽东同志诞辰 120 周年座谈会上的讲话》再论实事求是，指出：“实事求是，是马克思主义的根本观点，是中国共产党人认识世界、改造世界的根本要求，是我们党的基本思想方法、工作方法、领导方法。不论过去、

---

① 毛泽东．毛泽东选集：第 3 卷［M］．北京：人民出版社，1991：801.

现在和将来，我们都要坚持一切从实际出发，理论联系实际，在实践中检验真理和发展真理。”坚持实事求是，我们必须做到，一是要深入实际了解客观事物的本来面貌，把握事物内在的必然联系，按照客观规律办事。坚持实事求是，不可能一劳永逸。我们要自觉坚定实事求是的信念，增强实事求是的本领，时时处处把实事求是内化于心、外化于形。二是要清醒认识和正确把握我们的国情党情民情。我们党和国家的一切路线方针政策的制定，必须坚持从我们的国情党情民情出发，立足国情党情民情，任何超越现实、超越阶段的倾向，任何落后于实际、违反客观规律的观念和做法，必须坚决抵制和纠正。三是要不断推进实践基础上的理论创新。实践没有止境，理论创新也没有止境。马克思主义基本原理是普遍真理，具有永恒的思想价值，但马克思主义经典作家并没有穷尽真理，而是不断开辟认识真理、发展真理的光辉道路。我们必须坚持马克思主义的指导地位，在全面建设社会主义现代化国家、向第二个百年奋斗目标进军的新征程上继续开拓创新、锐意进取，在实践中不断丰富和发展马克思主义。与此同时，我们要及时总结党领导人民在伟大实践中创造的新经验，形成和发展中国化的马克思主义理论成果，不断开创马克思主义中国化的新境界。

（2）群众路线。就是一切为了群众，一切依靠群众，从群众中来，到群众中去，把党的正确主张变为群众的自觉行动。群众路线是以毛泽东同志为主要代表的中国共产党人坚持把马克思列宁主义关于人民群众是历史的创造者的原理，系统地运用到党的全部活动中形成的根本工作路线和科学领导方法。不论过去、现在和将来，群众路线都是我们党的生命线和根本工作路线，是我们党永葆青春活力和战斗力的重要传家宝。坚持群众路线，我们必须做到，一是坚持人民群众是推动历史发展的根本力量。历史逻辑显示，人民群众是社会历史发展和人类文明进步的根本主体力量。毛泽东同志指出："人民，只有人民，才是创造世界历史的动力。"我们必须尊重人民群众的首创精神，调动最广大人民群众的积极性主动性创造性，充分发挥人民群众的历史推动作用。在人民面前，我们永远是小学生，必须自觉拜人民为师，向能者求教，向智者问策。正确行使人民的权力，为了人民、依靠人民、服务人民。自觉接受人民的监督，依靠人民创造历史伟业，确保我们党的根基永远坚如磐石。二是要坚持全心全意为人民服务的根本宗旨。这是我们党一切行动的根本出发点和落脚点，是我们党区别于其他任何政党的根本标志。无产阶级政党没有任何自身的特殊利益，在任何时候任何情况下都要把人民群众的利益放在第一位，决不允许有任何脱离群众、凌驾于群众之上的倾向。检验党的一切工作成效，最终要以最广大人民群众根本利益为最高标准。三是要始终保持党同人民群众的血肉联系。党风问题、党同人民群众联系的问题，是攸关党的生死存亡的重大问题。毛泽东同志指出："我们共产党人好比种子，人民好比土地。我们到了一个地方，就要同那里的人民结合起来，在人民中间生根、开花。"①密切联系人民群众才永远不会失败。

（3）独立自主。就是坚持独立思考，走自己的路；就是坚定不移地维护民族独立、捍卫国家主权，把革命和建设的立足点放在依靠自己力量的基础上。同时积极发展对外友好互利关系，开展国际经济文化科学技术的交流与合作，学习外国一切有益经验和科学方法。独立自主是中华民族的优良传统，是中国共产党和新中国立党立国的重要原则，是我们党从中国

① 毛泽东. 毛泽东选集：第3卷［M］. 北京：人民出版社，1991：1162.

实际出发，依靠全党和全国人民的力量进行革命、建设、改革的必由之路。我们必须做到，一是要坚持中国的事情必须由中国人民自己处理。中国共产党在领导革命、建设、改革的长期实践中，一贯发扬独立自主、开拓前进的探索精神。这种坚持走自己的路的精神和信念，是我们党全部理论和实践的立足点，也是我们党和人民事业不断从胜利走向新胜利的根本保证。二是要坚持独立自主的和平外交方针和政策，坚定不移走和平发展的道路。恪守维护世界和平、促进共同发展的外交理念，坚持在和平共处五项原则的基础上同世界各国友好相处，在平等互利的基础上积极开展同世界各国经济文化科学技术上的交流与合作。中国尊重各国人民自主选择发展道路的权利，维护国际公平正义。根据事情本身的是非曲直来决定自己的立场和政策，主张以和平方式解决国际争端，反对各种形式的霸权主义和强权政治，反对把自己的意志强加于人，反对干涉别国内政，反对倚强凌弱。

三、毛泽东思想的历史地位

毛泽东思想是马克思主义基本原理同中国革命和建设的具体实际相结合的马克思主义中国化的第一次历史性飞跃，是我们党的指导思想，是中国共产党和中国人民历尽艰辛、付出代价而获得的宝贵精神财富，是中华民族的坚强精神支柱。“正确地评价毛泽东同志的历史功过、确立毛泽东思想的历史地位，关系到怎么看待党和国家过去几十年奋斗的成就，关系到党的团结、国家的安定，也关系到党和国家未来的发展道路”①。社会主义现代化建设和改革

① 十四大以来重要文献选编：上［M］. 北京：人民出版社，1996：613.

开放特别是中国特色社会主义进入新时代，开启了全面建设社会主义现代化国家的新征程，即向第二个百年奋斗目标进军，实现中华民族伟大复兴。党的十九届六中全会通过的《中共中央关于党的百年奋斗重大成就和历史经验的决议》，阐述毛泽东思想的科学体系和历史地位，指出："毛泽东思想过去是中国革命的旗帜，今后将永远是中国社会主义事业和反对霸权主义事业的旗帜，我们将永远高举毛泽东思想的旗帜前进。"① 彰显了毛泽东思想的指导地位和崇高深远的历史地位。毛泽东思想彪炳史册，烛照千秋万代。

1. 马克思主义中国化的第一次历史性飞跃

毛泽东同志是马克思主义中国化的伟大开拓者，是毛泽东思想的主要创立者。在我

① 邓小平. 邓小平文选：第2卷［M］. 北京：人民出版社，1994：172.

们党的历史上，毛泽东同志第一个明确提出“马克思主义中国化”的科学命题和重大任务，系统阐述了马克思主义中国化的科学内涵和实现马克思主义中国化的正确途径，开辟了马克思主义在中国发展的宽广道路，为党领导的革命和建设事业的发展奠定了坚实思想理论基础。毛泽东思想是马克思主义中国化第一次历史性飞跃的伟大成果，以独创性的理论丰富和发展了马克思列宁主义。贯穿于毛泽东思想科学体系中的立场、观点和方法是最能体现毛泽东思想本质特点的理论内容，是我们党进行革命、建设、改革的出发点、根本点和立足点。

在马克思主义中国化的历史进程中，毛泽东思想为中国特色社会主义理论体系特别是习近平新时代中国特色社会主义思想的创立和发展奠定了理论基础，尤其是毛泽东思想关于社会主义建设的理论为开创和发展中国特色社会主义做了重要理论准备。毛泽东思想以通俗的语言解释深刻的道理，在表达方式上具有鲜明的民族特色，为广大人民群众所喜闻乐见。毛泽东思想所体现的独特理论风格给新时代党的理论创新、进一步推进马克思主义大众化以重要启迪。毛泽东思想所确立的马克思主义中国化的奋斗方向、基本原则和基本方法，指示着我们不断推进马克思主义中国化，不断开辟马克思主义中国化的新境界。党的十九届六中全会通过的《中共中央关于党的百年奋斗重大成就和历史经验的决议》，明确提出了毛泽东思想“是马克思主义中国化的第一次历史性飞跃”的重要论断，要求“全党必须坚持马克思列宁主义、毛泽东思想、邓小平理论、‘三个代表’重要思想、科学发展观，全面贯彻习近平新时代中国特色社会主义思想，用马克思主义的立场、观点、方法观察时代、把握时代、引领时代，不断深化对共产党执政规律、社会主义建设规律、人类社会发展规律的认识”。在全面建设社会主义现代化国家、向第二个百年奋斗目标进军的新征程上勇毅砥砺奋进，续写经济快速发展和社会长期稳定“两个奇迹”的新篇章。

2. 中国革命和建设的科学指南

毛泽东思想是马克思列宁主义在中国的创造性运用和发展，是被实践证明了的关于中国革命和建设的正确的理论原则和经验总结。在毛泽东思想指引下，我们党领导全党全国人民找到了一条新民主主义革命的正确道路，完成了反对帝国主义、封建主义、官僚资本主义的任务，结束了中国半殖民地半封建社会的历史，创建了新中国；找到了一条从新民主主义向社会主义过渡的道路，确立了社会主义基本制度，实现了中国历史上最深刻最伟大的社会变革。毛泽东同志对适合中国国情的社会主义道路进行了艰辛探索，并取得了重要的理论成果，提出了许多富有启发性的论断。毛泽东同志领导全国人民建构起独立的比较完整的工业体系和国民经济体系，为社会主义现代化建设、全面建设社会主义现代化国家、实现中华民族伟大复兴，奠定了重要的物质技术基础，为在中国经济文化比较落后的东方大国进行社会主义建设积累了重要经验。

毛泽东思想关于社会主义建设的基本思想观点，仍然具有重要的现实指导作用。关于正确认识和处理社会主义社会基本矛盾、两类不同性质的矛盾尤其是人民内部矛盾的思想，关于调动一切积极因素为社会主义事业服务的思想，关于走中国社会主义工业化道路的思想，关于完善社会主义政治制度、扩大社会主义民主的思想，关于在科学文化工作中实行“百花齐放、百家争鸣”的思想，关于从思想上建党、加强执政党建设的思想，等等。这些重要思想，对于我们在新时代新征程上推进全面从严治党，永葆我们党的马克思主义执政党本色和中国特色社会主义坚强领导核心，领导全国人民开启全面建设社会主义现代化国家新征程、向第二个百年奋斗目标进军，实现中华民族伟大复兴，仍然具有重大指导意义。

3. 中国共产党和中国人民的宝贵精神财富

毛泽东思想把马克思列宁主义基本原理同中国革命和社会主义建设的具体实际相结合，从而“把我国民族的思想水平提到了从来未有的合理的高度”①。毛泽东思想代表了中国先进文化发展的方向。毛泽东思想关于中华民族和中国人民自立于世界民族之林的远大抱负，实事求是的思想路线，全心全意为人民服务的宗旨思想，自力更生、艰苦奋斗的创业精神，为中国人民谋幸福、为中华民族谋复兴的初心使

① 刘少奇. 刘少奇选集：上卷［M］. 北京：人民出版社，1981：319.

命等，永远是激励中国共产党和中国人民勇往直前、砥砺奋进的强大思想动力和宝贵精神财富。毛泽东思想基本原理、重要原则和科学方法具有普遍的指导意义。2021 年 11 月党的十九届六中全会通过的《中共中央关于党的百年奋斗重大成就和历史经验的决议》，充分肯定了毛泽东思想是中国共产党和中国人民的宝贵精神财富，指出：中国革命和建设特别是新中国社会主义建设，“以毛泽东同志为主要代表的中国共产党人，结合新的实际丰富和发展毛泽东思想，提出关于社会主义建设的一系列重要思想，包括社会主义社会是一个很长的历史阶段，严格区分和正确处理敌我矛盾和人民内部矛盾，正确处理我国社会主义建设的十大关系，走出一条适合我国国情的工业化道路，尊重价值规律，在党与民主党派的关系上实行‘长期共存、互相监督’的方针，在科学文化工作中实行‘百花齐放、百家争鸣’的方针等。这些独创性理论成果至今仍有重要指导意义。”

毛泽东思想是中国共产党和中国人民宝贵的精神财富，指导中国人民高擎起熊熊火炬，引领中华民族以江河奔涌之势一路向前，不屈不挠、顽强抗争，让沉睡了百年的“东方雄狮”觉醒站起来，阔步迈上富起来强起来的康庄大道，实现中华民族伟大复兴，至今依然闪耀着真理的光芒。中国特色社会主义进入新时代，开启向第二个百年奋斗目标进军、全面建设社会主义现代化国家的新征程，全党全国人民在马克思列宁主义，毛泽东思想，中国特色社会主义理论体系特别是当代中国马克思主义、二十一世纪马克思主义的习近平新时代中国特色社会主义思想指导下，意气风发、斗志昂扬地朝着实现中华民族伟大复兴的宏伟目标继续前进。中国特色社会主义的伟大实践逻辑昭示，“以习近平同志为主要代表的中国共产党人，坚持把马克思主义基本原理同中国具体实际相结合、同中华优秀传统文化相结合，坚持毛泽东思想、邓小平理论、‘三个代表’重要思想、科学发展观，深刻总结并充分运用党成立以来的历史经验，从新的实际出发，创立了习近平新时代中国特色社会主义思想。”“习近平新时代中国特色社会主义思想是当代中国马克思主义、二十一世纪马克思主义，是中华文化和中国精神的时代精华，实现了马克思主义中国化新的飞跃……对新时代党和国家事业发展、对推进中华民族伟大复兴历史进程具有决定性意义。”当代中国，马克思列宁主义、毛泽东思想、邓小平理论、“三个代表”重要思想、科学发展观、习近平新时代中国特色社会主义思想，是一脉相承的科学体系，是全党必须始终遵循、长期坚持的指导思想，是中国共产党、中华民族和中国人民推进中国特色社会主义伟大事业的宝贵精神财富和强大思想力量。

第二章

邓小平理论的创立

党的十一届三中全会以后，以邓小平同志为主要代表的中国共产党人，团结带领全党全国各族人民，深刻总结新中国成立以来正反两方面经验，围绕什么是社会主义、怎样建设社会主义这一根本问题，借鉴世界社会主义历史经验，创立了邓小平理论。它是马克思列宁主义的基本原理同当代中国实际相结合的科学成果，是全党全国各族人民集体智慧的结晶，是同马克思列宁主义、毛泽东思想一脉相承的科学体系。

一、邓小平理论创立的历史条件

邓小平理论的创立不是偶然的。它是历史必然的产物，它是在和平与发展成为时代主题的背景下，是在总结社会主义建设的经验教训的基础上，是在中国改革开放和社会主义现代化建设的伟大实践中，逐步创立和发展起来的。

1. 时代背景

20 世纪 80 年代以来，时代主题和世界格局发生了重大变化，国际生活的主题从战争与革命演变为和平与发展。一方面，第二次世界大战后，世界各国人民空前觉醒，对世界和平的渴望更加强烈，虽局部地区仍有战争发生，但由于各种力量的制约和斗争，使避免新的世界大战、维护世界和平成为可能。另一方面，广大发展中国家深刻感受到，要实现民族独立、改变贫穷落后的局面，就必须把发展作为国家的首要任务。而发达国家，为维护自身国际地位，谋求发展的愿望更加强烈。因此，求和平谋发展，逐渐成为世界各国人民的普遍愿望。

邓小平同志敏锐地把握了国际形势的重大变化，对时代主题的转换作出科学判断。他明确指出："现在世界上真正大的问题，带全球性的战略问题，一个是和平问题，一个是经济问题或者说发展问题。和平问题是东西问题，发展问题是南北问题。概括起来，就是东西南北四个字。南北问题是核心问题。"① 他还强调指出："应当把发展问题提到全人类的高度来认识，要从这个高度去观察问题和解决问题。"②因此，邓小平同志作出判断：在一个较长时间内

① 邓小平. 邓小平文选：第3卷［M］. 北京：人民出版社，1993：105.

② 邓小平. 邓小平文选：第3卷［M］. 北京：人民出版社，1993：282.

和平是可能的，经济建设的稳定的国际环境是可能的。党的十一届三中全会后，我们提出的一系列理论观点、重大决策都与党对世界主题的正确判断有关。

邓小平同志站在时代的高度，以世界的眼光来观察和思考中国问题，指出了当今世界是开放的世界，中国的发展离不开世界。邓小平理论正是在和平与发展成为时代主题的背景下创立和发展起来的。

2. 历史依据

邓小平理论产生的历史依据是社会主义建设的经验和教训。邓小平理论正是在既总结自己的经验教训，又在总结世界上其他国家社会主义建设兴衰成败的经验教训中得到启迪、获取营养的基础上，破解了历史和现实的难题。

一方面，三大改造完成之后，我们党始终面临着如何建设社会主义的问题。以毛泽东同志为主要代表的中国共产党人提出了探索走中国自己的社会主义建设道路的历史任务，在这个探索中形成了一些正确的和比较正确的理论观点、方针政策和实践经验。但这一时期，我们也犯了不少错误，走了不少弯路。这主要表现在经济上急于求成、盲目求纯和急于过渡；在政治上以阶级斗争为纲，发动了“大跃进”、人民公社化运动，特别是在“无产阶级专政下继续革命”的错误理论指导下，导致了长达十年的内乱，使党、国家、人民遭到新中国成立以来最严重的挫折和损失，中国经济濒临崩溃的边缘。这促使中国共产党和中国人民进行了深刻反思。党的十一届三中全会以后，以邓小平同志为主要代表的中国共产党人，团结带领全党全国各族人民，果断地纠正了这些错误，深刻地分析了它们出现的原因，同时又坚决地维护和继承了过去在理论上和实践上所取得的一切积极成果。

另一方面，20 世纪 80 年代末 90 年代初，许多社会主义国家发生严重挫折，出现了东欧剧变、苏联解体。这有多方面的复杂原因，其中一个重要原因是苏联模式不能适应时代主题的变化、未能正确地调整和改革自己的内外政策。苏联模式在革命和战争年代发挥了巨大的积极作用，然而时代主题转变之后，由于不能适应新形势的需要，从而导致了苏联解体。这促使我们在认真总结我国社会主义建设的经验和教训的同时，也要借鉴苏联和其他社会主义国家在探索本国社会主义建设道路上的经验和教训。

邓小平同志不仅继承和发展了毛泽东同志在社会主义建设时期的积极理论成果，并且吸取了国际、国内社会主义建设正反两方面的经验和教训，在把握和平与发展这一时代主题的同时，对中国特色社会主义道路进行了深入探索，成功开创了中国特色社会主义，创立了邓小平理论。

3. 现实依据

邓小平理论产生的现实依据是我国改革开放和社会主义现代化建设的崭新实践。邓小平同志指出："我们现在所干的事业是一项新事业，马克思没有讲过，我们的前人没有做过，其他社会主义国家也没有干过，所以，没有现成的经验可学。我们只能在干中学，在实践中摸索。……关键在于不断地总结经验。"① 党的十一届三中全会以后，我国开始进入改革开放和社会主义现代化建设新时期。亿万群众的伟大实践呼唤新的科学理论的产生，同时，人民群众生机勃勃的伟大创造，也成为理论发展的源泉。邓小平理论就是在总结人民群众的成功经验和工作中的某些失误与教训中，在系统比较、冷

① 邓小平. 邓小平文选：第 3 卷 [M]. 北京：人民出版社，1993：258-259.

静思考、全面把握、大胆探索中揭示改革开放和社会主义现代化建设的根本规律中，不断创立和发展起来的。

二、邓小平理论的主要内容

1. 邓小平理论回答的根本问题

“什么是社会主义？怎样建设社会主义？”这是邓小平理论回答的根本问题。邓小平同志在深刻总结历史经验的基础上，在领导改革开放和社会主义现代化建设这一新的探索过程中，紧紧抓住这个根本问题，深刻揭示社会主义本质，系统回答了在中国这样一个经济文化落后的国家如何建设、巩固和发展社会主义的一系列基本问题，从而把对社会主义的认识和实践提高到了新的科学水平。

弄清楚“什么是社会主义”“怎样建设社

会主义”，主要是在坚持社会主义基本制度的基础上进一步认清社会主义本质。邓小平同志在1992年初的南方谈话中，概括了社会主义本质。他说：“社会主义的本质，是解放生产力，发展生产力，消灭剥削，消除两极分化，最终达到共同富裕。”① 这一判断深刻地回答了“什么是社会主义”的问题，从而也为“怎样建设社会主义”指明了方向。

邓小平同志关于社会主义本质的论述是一个严密的统一的整体。解放生产力，发展生产力，是为消灭剥削、消除两极分化创造物质条件；消灭剥削、消除两极分化又为解放和发展生产力提供社会条件；而共同富裕目标的实现，一方面有赖于解放和发展生产力，另一方面也取决于消灭剥削、消除两极分化；社会主义的最终目标是实现共同富裕。同时，社会主义的

---

① 邓小平．邓小平文选：第3卷［M］．北京：人民出版社，1993：373.

本质也是一个动态的发展过程。“解放”“发展”“消灭”“消除”“最终实现”这一系列动词都表明了这一含义。从我国社会主义的状况来看，尽管取得了重大成就，但总的来说，我们仍处于并将长期处于社会主义初级阶段的基本国情没有变，因此，充分体现社会主义的本质，需要一个坚持不懈、艰苦奋斗、开拓前进的过程。

邓小平同志关于社会主义本质的论述，对于科学社会主义理论和建设社会主义实践具有重大的意义。在理论上，社会主义本质论大大深化了对科学社会主义的认识。在实践上，社会主义本质论为探索怎样建设社会主义指明了方向，开辟了广阔的道路，更重要的是，为探索社会主义制度的有效实现形式开辟了道路。弄清楚了社会主义的本质，就能够在坚持社会主义基本制度的同时，找到社会主义制度在经济、政治、文化等领域的有效实现形式，以体现社会主义的本质。

搞清楚“什么是社会主义”，是同进一步搞清楚“怎样建设社会主义”紧密联系的。在搞清楚“什么是社会主义”的过程中，邓小平同志提出了建设有中国特色的社会主义的伟大构想。邓小平同志在接见一位国际友人时说，贫穷不是社会主义，发展太慢也不是社会主义。然后进一步阐述：“在对社会主义作这样的理解下面，我们寻找自己应该走的道路。”① 这里“寻找自己应该走的道路”，也就是解决怎样建设社会主义的问题。之后，邓小平同志在党的十二大开幕词上回答了这个问题。他提到：“我们的现代化建设，必须从中国的实际出发。……把马克思主义的普遍真理同我国的具体实际结合起来，走自己的道路，建设有中国特色的社会主义，这就是我们总结长期历史经

---

① 邓小平. 邓小平文选：第3卷［M］. 北京：人民出版社，1993：255.

验得出的基本结论。”①

邓小平同志清晰地揭示了什么是社会主义和怎样建设社会主义这两个问题的内在逻辑关系。只有在科学阐明什么是社会主义的基础上，才能正确解决怎样建设社会主义的问题；只有在建设社会主义的实践中，才能不断加深对于什么是社会主义的科学理解。邓小平同志说，社会主义必须是切合中国实际的有中国特色的社会主义，建设社会主义要从中国的实际出发，社会主义没有固定的模式，同时，建设有中国特色的社会主义是一个很长的历史过程。这些基本结论的提出，标志着我们党对“什么是社会主义？怎样建设社会主义?”这个问题在认识上有了新跃升。

---

① 邓小平．邓小平文选：第3卷［M］．北京：人民出版社，1993：2-3.

2. 邓小平理论的主要内容

邓小平理论的主题是建设和发展有中国特色的社会主义，其基本理论问题是搞清楚什么是社会主义、怎样建设社会主义，其哲学方法论基础是实事求是。邓小平同志没有写过纯粹的理论专著，他的理论全部体现在一系列谈话、讲话之中，这些谈话、讲话闪耀着其卓越的理论见解和宏大的理论气势。邓小平理论博大精深，内涵深邃，贯通哲学、政治经济学、科学社会主义等领域，涵盖经济、政治、科技、教育、文化、民族、军事、外交、统一战线、党的建设等方方面面，形成了一个相互联系、相互渗透、相互影响的比较完备的科学体系。

（1）思想路线论。解放思想、实事求是，是我们党的思想路线，是毛泽东思想的精髓，也是邓小平理论的精髓。党的十一届三中全会后，邓小平同志以马克思主义者的非凡胆略和科学态度，号召全党“解放思想、实事求是”，明确指出，一个党，一个国家，一个民族，如果一切从本本出发，思想僵化，迷信盛行，那它就不能前进，它的生机就停止了，就要亡党亡国。这个讲话就是新时期重新确立实事求是思想路线的宣言书和动员令。邓小平同志为恢复解放思想、实事求是思想路线，做了如下三件大事：一是支持实践是检验真理唯一标准的讨论；二是实事求是地评价毛泽东同志和毛泽东思想的历史地位和作用；三是正确评价历史事件，平反冤假错案，处理历史遗留问题。

解放思想、实事求是思想路线的恢复，有力地推动和保证了改革开放的进行。邓小平同志在率领党和人民进行改革开放和社会主义现代化建设的实践中，改革不适应经济发展的上层建筑，使我们的思想从那些被实践证明为不合乎中国实际、不合乎时代潮流、不合乎经济和社会发展客观规律的条条框框中解放出来。

在改革开放中遇到的问题，就要坚持解放思想、实事求是，用事实、实践来证明是非，从而推动改革开放的步步深入。解放思想、实事求是，成功地找到在中国建设社会主义的正确道路，解决了社会主义建设以及我们党和国家前途命运的重大课题。

（2）社会主义初级阶段理论。我们讲解放思想、实事求是，从实际出发建设社会主义，其中最大的“实际”就是中国的基本国情。我国处在社会主义初级阶段，是邓小平同志对当代中国基本国情的科学判断。“社会主义初级阶段理论”是邓小平理论的重要内容，也是对科学社会主义学说的继承和发展。

1987 年党的十三大前夕，邓小平同志指出：“我们党的十三大要阐述中国社会主义是处在一个什么阶段，就是处在初级阶段，是初级阶段的社会主义。社会主义本身是共产主义的初级阶段，而我们中国又处在社会主义的初级阶段，就是不发达的阶段。一切都要从这个实际出发，根据这个实际来制订规划。”① 党的十三大系统地论述了社会主义初级阶段理论。党的十五大进一步阐述了社会主义初级阶段的基本特征。掌握这些特征，就能对我国初级阶段的国情和实际认识更加全面、客观和准确。

邓小平同志还分析了中国社会在这个阶段的主要矛盾和中心任务，制定了党在社会主义初级阶段的基本路线和基本纲领。同时，邓小平同志关于社会主义初级阶段的论断，使我们对社会主义建设的长期性、复杂性、艰巨性有了更加清醒地认识。邓小平同志在南方谈话中深刻指出：“我们搞社会主义才几十年，还处在初级阶段。巩固和发展社会主义制度，还需要一个很长的历史阶段，需要我们几代人、十几

---

① 邓小平. 邓小平文选第三卷［M］. 北京：人民出版社，1993：252.

代人，甚至几十代人坚持不懈地努力奋斗。”①

(3) 社会主义根本任务理论。邓小平同志指出：“社会主义的任务很多，但根本一条就是发展生产力，在发展生产力的基础上体现出优于资本主义，为实现共产主义创造物质基础。”生产力是社会发展的最根本的决定性因素，社会主义的根本任务是发展生产力。社会主义革命是为了解放生产力，发展生产力。社会主义制度建立后，为巩固和发展社会主义，必须进一步解放生产力，发展生产力。处于社会主义初级阶段的当代中国，发展生产力的任务尤为突出，尤为重要。

邓小平同志强调，发展才是硬道理。中国解决所有问题的关键是要靠自己的发展。维护世界和平，反对霸权主义，离不开发展；实现

① 邓小平. 邓小平文选：第3卷［M］. 北京：人民出版社，1993：379-380.

中华民族伟大复兴的中国梦，离不开发展；解决国内各种问题，离不开发展。发展是解决国际国内一切问题的关键所在。发展要抓住机遇。我们必须正确估量国际环境对于实现我们战略目标的有利和不利因素，以高度的历史责任感和紧迫感抓住机遇，珍惜机遇，用好机遇，千方百计地发展自己，发展经济。中国要发展，离不开科学。邓小平同志指出，社会生产力的巨大发展，劳动生产率的大幅度提高，最主要的是靠科学的力量、技术的力量。

（4）社会主义发展战略论。我国处于社会主义初级阶段，在初级阶段生产力不发达的条件下建设社会主义现代化，是一项长期、艰巨的事业，必须有步骤分阶段实现。1987 年 4 月，邓小平同志第一次提出了分“三步走”基本实现现代化的战略。同年 10 月，党的十三大把邓小平同志“三步走”的发展战略构想确定下来，明确提出：第一步，从 1981 年到 1990 年实现国民生产总值比1980年翻一番，解决人民的温饱问题；第二步，从1991年到20世纪末，使国民生产总值再翻一番，人民生活达到小康水平；第三步，到21世纪中叶，人均国民生产总值达到中等发达国家水平，人民生活比较富裕，基本实现现代化。

邓小平同志指出："可能我们经济发展规律还是波浪式前进。过几年又一个飞跃，跳一个台阶，跳了以后，发现问题及时调整一下，再前进。"① 这就是邓小平同志构思和倡导的"上台阶"发展战略。"经济发展隔几年上一个台阶"是整个国民经济发展的规律性，是"上台阶"经济发展战略的内在规律性。实施"上台阶"战略的着眼点在于抓住时机、加速发展、力争上新台阶。他明确指出："在今后的现代化建设过程中，出现若干个发展速度比较快、效益

① 邓小平．邓小平文选：第3卷［M］．北京：人民出版社，1993：368．

比较好的阶段，是必要的，也是能够办到的。”①实现我们的发展战略，要实事求是地把握好速度问题。在中国搞现代化不能追求太高的速度，但速度低了也不行，凡是能积极争取的发展速度还是要积极争取。快是有条件的，要讲效益，讲质量。

邓小平同志构思和倡导“三步走”战略的同时，提出了让一部分地区、一部分人先富起来，最终达到共同富裕的方针政策。邓小平同志提出，沿海一些地区要走在全国的前面，率先实现现代化，以更好地带动全国的现代化。内地要根据自己的条件加快建设，国家要尽力支持内地的发展，沿海要注意带动和帮助内地的发展。对于在一部分人先富起来的过程中出现的某些社会成员之间收入差距过分悬殊的问

① 邓小平. 邓小平文选：第 3 卷［M］. 北京：人民出版社，1993：377.

题，要认真解决。合法的较高收入应予允许和保护，并依法加以必要的调节；非法的，必须坚决有效地依法处理。要承认不平衡，同时要从不平衡逐步达到相对的平衡，逐步实现共同富裕。

（5）改革开放理论。广义上说的革命，是指社会生产方式和生活方式的根本变革，社会关系的深刻变革。中国共产党领导的第一次革命，就是用社会主义制度取代半殖民地半封建的剥削和压迫制度的社会变革。现在，中国共产党领导中国人民进行的第二次“革命”，就是社会主义改革。1985 年 3 月 28 日，邓小平同志在会见日本自由民主党副总裁二阶堂进时提出：“现在我们正在做的改革这件事是够大胆的。但是，如果我们不这样做，前进就困难了。改革是中国的第二次革命。这是一件很重要的必须做的事，尽管是有风险的事。”改革是中国的第二次革命，是相对于第一次革命、也就是新民主主义革命而言的。这两次革命，前者属于制度选择，后者属于政策选择。

改革作为一次新的革命，不允许否定和抛弃社会主义基本制度，它是社会主义制度的自我完善和发展。改革的实质是解放和发展社会生产力。1992 年春，邓小平同志在南方谈话中深刻地揭示了改革的实质内容，他明确指出："革命是解放生产力，改革也是解放生产力。"① 判断改革和各方面工作的是非得失，归根到底，要以是否有利于发展社会主义社会的生产力，是否有利于增强社会主义国家的综合国力，是否有利于提高人民的生活水平为标准。

对外开放，就是指在平等互利的条件下，大胆吸收和借鉴世界各国各民族的一切文明成果，包括资本主义发达国家一切反映现代社会化生产规律的先进科学技术、经营方式、管理

---

① 邓小平．邓小平文选：第 3 卷［M］．北京：人民出版社，1993：370.

方法和吸纳可利用的资金、资源、人才等的决策和行动。党的十一届三中全会之后，对外开放成为我国一项基本国策。

中国实行对外开放政策，不仅具有客观必然性、必要性，而且具有现实可能性。一方面，和平与发展成为当代世界两大主题，正确认识和把握时代主题，是邓小平同志提出对外开放政策的极其重要的现实条件。另一方面，党和国家结束了十年“文化大革命”这场灾难，纠正了“左”的思想路线、政治路线，整个社会致力于现代化建设，这是实现对外开放政策的必不可少的国内条件。

中国对外开放有三个显著特点。第一，从空间上来说，这是全局性的全方位的开放。邓小平同志提出了内、外双向的全面开放战略。第二，从时间上来说，对外开放是我国长期的基本国策。邓小平同志指出：“我国将长期实行对外开放”[①]。“外国人担心我们的开放政策会变，我说不会变”。[②]“中国的对外开放政策是坚定不移的”。[③]对外开放是党的基本路线的基本内容之一，而基本路线是要管一百年，动摇不得。这说明对外开放的长期性。第三，从性质特点上来说，这是马克思主义指导下的对外开放。邓小平同志一直强调，在对外开放中要坚持四项基本原则，要用马克思主义立场、观点、方法去分析、处理开放中的问题。

（6）社会主义市场经济理论。邓小平同志关于建立和完善社会主义市场经济体制、发展社会主义市场经济的理论是中国特色社会主义理论的重要内容，是对马克思主义政治经济学的继承和发展。

---

① 邓小平. 邓小平文选：第3卷［M］. 北京：人民出版社，1993：70.

② 邓小平. 邓小平文选：第3卷［M］. 北京：人民出版社，1993：90.

③ 邓小平. 邓小平文选：第3卷［M］. 北京：人民出版社，1993：133.

邓小平同志关于社会主义市场经济理论的特殊贡献在于：第一，为创立既区别于传统的计划经济又区别于资本主义市场经济的社会主义市场经济体制和新的经济形态即社会主义市场经济奠定了理论基础。第二，为开创改革开放和现代化建设新局面奠定了理论基础。社会主义市场经济激发了社会活力，整个国家的综合国力增强了，人民物质和文化生活、现代化建设上了一个大台阶。

邓小平同志关于社会主义市场经济的理论，正确地回答了经济体制变革中困扰前进步伐的三种关系问题。一是社会基本经济制度和经济体制之间的关系问题。基本经济制度与经济体制既相互联系又相互区别，不可混为一谈。基本经济制度主要由所有制度、分配制度和人们相互关系制度组成。经济体制只是经济运作方式和管理方式。因此，我们不能片面地理解，以为计划经济就是社会主义，市场经济就是资本主义。二是计划经济与市场经济之间的关系问题。既然计划和市场都是配置资源的手段，那么究竟采用计划还是市场配置资源实现经济发展目标，必须根据实际需要，充分发挥两种手段的积极功能。三是社会主义与市场经济之间的关系问题。关键在于理解“社会主义和市场经济之间不存在根本矛盾”[①]。充分利用市场手段调节多样性、多层次物质文化生活持续协调发展，有利于吸取不同社会制度下的科学技术和管理方法，加快社会主义现代化进程。

（7）“一国两制”论。用“一国两制”的方式实现祖国的和平统一，是中国共产党人的伟大创造。“一国两制”这一科学构想，是马克思主义在中国新时期发展的生动体现。

“一个国家，两种制度”的构想，概括地说，是在祖国统一的前提下，国家的主体坚持

① 邓小平．邓小平文选：第3卷［M］．北京：人民出版社，1993：148.

社会主义制度，同时台湾、香港、澳门保持原有的资本主义制度和生活方式长期不变。具体地讲，有以下几点：

第一，“一个国家”。即坚持世界上只有一个中国，台湾、香港、澳门都是中国的一部分。中国的主权和领土完整不容分割。承认在国际上代表全中国人民的唯一合法的政府，只能是中华人民共和国中央人民政府。

第二，两制并存。即中国的主体（中国大陆）坚持社会主义制度，台湾、香港、澳门保持原有的资本主义制度不变；两种制度长期并存，和平共处，共同为国家的繁荣和民族的振兴作贡献。这是实现祖国和平统一的基本途径，也是统一后中国国家体制的重要特色。

第三，和平统一，但不承诺放弃武力。通过接触和谈判的方式来实现祖国的统一，这是邓小平同志和我们党的一贯立场和既定方针，也是全体中国人的共同心愿。我们主张用和平的方式解决祖国统一问题，但是不能承诺放弃武力的方式。

第四，高度自治。祖国和平统一后，依法在台湾、香港、澳门设立特别行政区。特别行政区行使地方政府的权力，除在外交、国防、宣战、媾和方面服从中央外，享有高度的自治权，包括行政管理权、立法权、独立的司法权和终审权。

第五，"一国两制"是我们党和国家要长期坚持的基本方针和政策。用"一国两制"的办法来实现祖国的和平统一，不是权宜之计，不是短时打算，而是要长期坚持的基本方针和政策。这是在实现祖国和平统一的过程中以及祖国和平统一后，保持香港、澳门、台湾的繁荣与稳定，促进中国发展和民族振兴的基本保证。

邓小平同志以政治家的伟大气魄，充满信心地说，"一国两制"是行得通的。我们按照

“一国两制”的构想，成功地解决了历史遗留下来的香港、澳门问题，现在正在为早日解决台湾问题、完成祖国统一大业而积极努力。

（8）领导核心论。中国的问题关键在党。建设中国特色社会主义，关键在于坚持、加强和改善党的领导，这是邓小平同志在改革开放和社会主义现代化建设中提出的一个十分重要的思想。加强和改善党的领导，要始终把思想建设放在首位。为此，邓小平同志强调要重视马克思主义的理论学习，努力提高执政能力和执政水平。加强和改善党的领导，要牢牢抓住组织建设这一关键。坚持和健全民主集中制、加强和改进党的基层组织建设、培养和选拔德才兼备的领导干部，这是组织建设的重要问题。加强和改善党的领导，要筑牢基层组织这一党的执政工作的基础。邓小平同志多次强调党的基层组织建设的重要性，有了巩固和健全的基层组织，党才有巩固的执政基础，才能经受住任何风浪的考验。加强和改进党的领导，最根本的是把各级班子成员选配好。培养和选拔德才兼备的各级领导干部，是保证党的路线的连续性和国家长治久安的根本大计。加强和改善党的领导，要重视制度建设。“制度好可以使坏人无法任意横行，制度不好可以使好人无法充分做好事，甚至走向反面。”[①] 为此，邓小平同志指导全党提出了一系列加强党的制度建设的方针原则。

邓小平理论内容丰富，除以上内容之外，邓小平理论还包含了许多新颖而又深邃的思想。如实践是检验真理的唯一标准、坚持四项基本原则、“两手抓，两手都要硬”、摸着石头过河、科教兴国、国防强军、外交战略等一系列的思想和理论。这些思想和理论与上述内容共同构成邓小平理论的主要内容，不断指导着中国特

---

① 邓小平. 邓小平文选：第2卷 [M]. 北京：人民出版社，1994：333.

色社会主义的伟大实践。

三、成功开创了中国特色社会主义

1. 邓小平理论是对马克思列宁主义、毛泽东思想的继承和发展

邓小平理论是马克思列宁主义基本原理同当代中国实践和时代特征相结合的产物。邓小平理论是对马克思列宁主义、毛泽东思想在继承基础上的发展和创新。

首先，邓小平理论是在继承马克思列宁主义、毛泽东思想的基础上创立的。邓小平理论所坚持的基本原理和基本原则无不源于马克思列宁主义和毛泽东思想。邓小平同志指出："我们搞改革开放，把工作重心放在经济建设上，没有丢马克思，没有丢列宁，也没有丢毛泽东。

老祖宗不能丢啊!”[①] 他还强调指出:“三中全会以后,我们就是恢复毛泽东同志的那些正确的东西嘛,就是准确地、完整地学习和运用毛泽东思想嘛。基本点还是那些,从许多方面来说,现在我们还是把毛泽东同志已经提出,但是没有做的事情做起来,把他反对错了的改正过来,把他没有做好的事情做好。今后相当长的时期,还是做这件事。当然,我们也有发展,而且要继续发展。”[②] 邓小平理论是以马克思主义关于社会主义理论的核心内容为基石,是在认真总结以毛泽东同志为主要代表的中国共产党人领导中国社会主义革命和建设历史经验的基础上,逐步形成和发展出来的。因此,邓小平理论与马克思列宁主义、毛泽东思想是一脉相承的。

---

① 邓小平. 邓小平文选:第3卷[M]. 北京:人民出版社,1993:369.

② 邓小平. 邓小平文选:第2卷[M]. 北京:人民出版社,1994:300.

其次，邓小平理论是对马克思列宁主义、毛泽东思想的发展和创新。邓小平理论是发展了的马克思主义。邓小平同志在讲老祖宗“不能丢”“没有丢”的时候，强调指出，问题是要把什么是社会主义搞清楚，把怎样建设和发展社会主义搞清楚。他指出：“世界形势日新月异，特别是现代科学技术发展很快。现在的一年抵得上过去古老社会几十年、上百年甚至更长的时间。不以新的思想、观点去继承、发展马克思主义，不是真正的马克思主义者。”① “真正的马克思主义者必须根据现在的情况认识、继承和发展马克思列宁主义。”② 邓小平理论对马克思列宁主义、毛泽东思想不仅是继承和坚持，更重要的是发展和创新，是适应时代特征和中国国情把马克思列宁主义、毛泽东思

---

① 邓小平. 邓小平文选：第3卷［M］. 北京：人民出版社，1993：291-292.

② 邓小平. 邓小平文选：第3卷［M］. 北京：人民出版社，1993：291-292.

想推向前进，并且形成了新的建设有中国特色社会主义理论的科学体系。邓小平理论为马克思列宁主义、毛泽东思想宝库添加的新的东西，不是个别的方面，而是贯通哲学、政治经济学、科学社会主义三个组成部分，涵盖经济、政治、科技、教育、文化、军事、外交、统一战线、党的建设等各个方面，尤其是在构建改革话语权过程中，将发展生产力作为改革的目的，将以公有制为主体、多种所有制经济共同发展作为社会主义基本经济制度，将市场经济体制作为经济体制改革的方向，将共同富裕作为社会主义的发展目标，等等。邓小平理论突破了以往对社会主义的认识，为马克思主义增添了许多新的内容，开拓了新的境界。

邓小平理论与马克思列宁主义、毛泽东思想属于同一个哲学思想体系，邓小平理论所依据和坚持的哲学思想正是马克思主义的科学世界观和方法论。马克思主义哲学包括辩证唯物主义和历史唯物主义两部分，它既是世界观，又是方法论，是无产阶级认识世界和改造世界的强大思想理论武器。邓小平同志指出："二十年的历史教训告诉我们一条最重要的原则：搞社会主义一定要遵循马克思主义的辩证唯物主义和历史唯物主义，也就是毛泽东同志概括的实事求是，或者说一切从实际出发。"[①] 邓小平同志反复强调，实事求是、一切从实际出发、理论与实践相结合，这是马克思主义的根本观点、根本方法，是一切共产党员所必须牢记的最根本的思想方法、工作方法。我们正是依靠这一根本观点、根本方法，把马克思列宁主义的普遍真理同中国具体实际相结合、同中国改革开放和现代化建设相结合，取得了令世界瞩目的巨大成就，并产生了邓小平理论。

---

① 邓小平．邓小平文选：第3卷［M］．北京：人民出版社，1993：118.

2. 邓小平理论是对中国特色社会主义理论体系的奠基

邓小平理论之所以成为中国特色社会主义理论体系的奠基之作，在于它为坚持和发展中国特色社会主义确定了“基本思路和基本原则”，确定了“一个中心，两个基本点”这条最重要的基本路线。这条基本路线既坚持了科学社会主义的基本原则，又立足了中国的基本国情。

邓小平理论之所以成为中国特色社会主义理论体系的奠基之作，在于它创造性地科学回答了在经济文化落后的中国实现现代化和民族复兴的问题。对于实现现代化和民族复兴问题的探索，实际上是从对什么是社会主义、怎样建设社会主义问题的反复追问开始的。邓小平理论开创性地回答了什么是社会主义、怎样建设社会主义的问题，创造性地回答了经济文化落后的中国实现现代化和民族复兴的目标和路径问题。

邓小平理论之所以成为中国特色社会主义理论体系的奠基之作，还在于其重要思想观点成为中国特色社会主义理论体系的基本思想观点，其重要内容成为中国特色社会主义理论体系的核心内容。邓小平理论关于社会主义初级阶段论、社会主义本质论、社会主义改革开放论、社会主义市场经济论、社会主义民主政治建设论、社会主义精神文明建设论、社会主义国防和军队建设论等一系列重要思想理论观点，揭示了中国特色社会主义发展的基本规律，成为中国特色社会主义理论体系的核心内容，从而为这一理论体系的进一步发展奠定了基石。

3. 邓小平理论是对中国特色社会主义理论体系的开拓

邓小平理论是在我国改革开放和社会主义

现代化建设起步和推进过程中形成和发展起来的，是在和平与发展成为时代主题的历史条件下、在总结社会主义建设经验教训及借鉴其他社会主义国家兴衰成败经验教训的基础上形成和发展起来的。邓小平同志在解决中国最现实、最迫切的问题过程中，运用马克思主义的基本原理，结合具体的工作实践，形成了一系列的新思想、新观点，在中国化马克思主义发展史上开创了中国特色社会主义理论体系。

邓小平理论是对中国特色社会主义理论的开拓，它从生产力和生产关系的结合上，深刻揭示了社会主义发展的基本规律，反映了人民利益和时代要求，从理论上解决了长期困扰我们的“姓‘社’姓‘资’”问题，突破了只从公有制、计划经济、按劳分配等原则出发而脱离生产力抽象地去认识社会主义的传统观念，去除了原来对社会主义认识中不科学的成分，正确地、创造性地揭示了社会主义的本质，为中国特色社会主义理论体系确立了科学的价值导向。

4. 邓小平理论是对中国特色社会主义事业的指导

邓小平理论同马克思列宁主义、毛泽东思想一起被确立为我们党的指导思想，这意味着邓小平理论不仅是建设中国特色社会主义的指导思想，也是中国实现现代化的根本遵循和行动指南。邓小平理论在全党指导地位的确立，标志着我们党对中国特色社会主义理论和实践认识上的成熟。

邓小平理论强调要坚持解放思想、实事求是，为中国特色社会主义理论体系的发展提供了思想上的指导。解放思想、实事求是也是邓小平理论的精髓。邓小平理论明确而具体地把实事求是作为思想路线与方法，并且强调在社会主义改革与开放的历史时期，必须坚持这一正确的思想路线与方法。邓小平理论十分重视实践经验的总结及其对理论的决定作用，强调“我们说的做的究竟能不能解决问题，问题解决得是不是正确，关键在于我们是否能够理论联系实际”[①]。这为中国特色社会主义理论体系的形成和发展提供了方法上的指导。邓小平理论坚持人民利益至上、实现共同富裕的发展目标，为中国特色社会主义理论体系的发展提供了原则上的指导。邓小平理论把坚持人民利益高于一切、全心全意为人民谋利益作为中国共产党人的最高准则和根本目的，并强调把人民利益放在一切工作的首位是党存在和发展的根本前提。

① 邓小平. 邓小平文选：第2卷［M］. 北京：人民出版社，1994：113.

第四章

“三个代表”重要思想的形成

党的十三届四中全会以后，以江泽民同志为主要代表的中国共产党人，团结带领全党全国各族人民，坚持党的基本理论、基本路线，加深了对什么是社会主义、怎样建设社会主义和建设什么样的党、怎样建设党的认识，形成了“三个代表”重要思想，在国内外形势十分复杂、世界社会主义出现严重曲折的严峻考验面前捍卫了中国特色社会主义，确立了社会主义市场经济体制的改革目标和基本框架，确立了社会主义初级阶段公有制为主体、多种所有制经济共同发展的基本经济制度和按劳分配为主体、多种分配方式并存的分配制度，开创全面改革开放新局面，推进党的建设新的伟大工程，成功把中国特色社会主义推向二十一世纪。

一、“三个代表” 重要思想的形成条件

党的十三届四中全会以来，中国共产党高举邓小平理论伟大旗帜，在科学判断党的历史方位的基础上，在建设中国特色社会主义的伟大实践中，逐步将治党治国治军新的经验加以概括和总结，形成了“三个代表” 重要思想。“三个代表” 重要思想的形成有其深刻、特殊的时代背景和社会历史条件。

1. 国内外局势的深刻变化

20 世纪 80 年代末 90 年代初，苏联解体、东欧剧变。由于国际上反共反社会主义的敌对势力的支持和煽动，国际大气候和国内小气候导致 1989 年春夏之交我国发生严重政治风波。世界社会主义出现严重曲折，中国改革和发展

进入了关键阶段，国内遭遇严重经济风险，中国社会主义事业的发展面临巨大的困难和压力，国家处在决定前途命运的重大历史关头，中国共产党面临严峻考验。1989 年 6 月，中国共产党召开党的十三届四中全会，深刻分析了国内发生的政治风波的性质和原因，初步总结了经验教训，明确了中国共产党面对新形势的基本方针和任务，强调要继续坚决执行十一届三中全会以来的路线、方针和政策，继续坚决执行党的十三大确定的“一个中心、两个基本点”的基本路线。此后，以江泽民同志为主要代表的中国共产党人立即采取一系列重大措施，维护社会稳定，加强党的建设，全国政治局面迅速稳定，经济形势趋于好转。江泽民同志根据邓小平同志关于聚精会神地抓党的建设的要求，从解决面临的突出问题入手，在深化改革的过程中不断加强党的领导，并采取措施密切党与人民群众的联系，还从党和国家生死存亡、改革开放兴衰成败的高度，加强党风和廉政建设，有力地保证了国家政治和社会局面的稳定，同时也为在经济领域继续治理整顿、深化改革创造了重要条件。面对西方国家对中国的“制裁”和国际形势的急剧变化，中央领导集体根据邓小平同志提出的指导方针，坚持独立自主，实行了一系列深化改革和扩大开放的新举措，通过实行睦邻外交打破西方国家的“制裁”，顶住了西方压力，成功开辟了改革开放和社会主义建设的新局面。

冷战结束后，国际局势发生深刻变化，世界多极化和经济全球化的趋势在曲折中发展，和平与发展仍是时代的主题。在千年更迭、世纪交替之际，我们所处的国际环境已经发生并还在经历着前所未有的巨大变化。苏联解体以后，美国作为唯一的超级大国，极力使世界向单极化方向发展，谋求建立以其为领导的世界新秩序。在这种形势下，中国作为世界上最大的社会主义国家，实际上处于两种社会制度对立、斗争的最前沿。中国共产党面临长期的国际压力，渗透与反渗透、遏制与反遏制、分裂与反分裂、颠覆与反颠覆的斗争将长期存在并且异常尖锐、复杂，霸权主义和强权政治依然存在，世界仍不安宁。但和平与发展仍然是时代的主题，世界多极化仍然在曲折中获得了发展，这也给我国的社会主义建设带来了一个难得的相对稳定的和平的外部环境，特别是经济全球化浪潮正在蓬勃发展。经济全球化是当今世界的生产力、世界市场和科学技术等共同作用的结果，是历史发展不可阻挡的大趋势，积极参与经济全球化是包括我国在内的发展中国家实现现代化的必由之路。

科学技术的发展异常迅猛。以信息技术和生命科学为核心的现代科学技术日新月异，且深刻地推动着世界经济的发展与全球化进程，并越来越在国家社会经济的发展中起着决定性的作用。无论是发达国家，还是发展中国家，人们对通过科技进步振兴经济、提升综合国力的认识从来都没有这样一致和深刻，各国之间的科技竞争也因此空前激烈。作为发展中国家的我国，必须迎头赶上时代潮流，在日益激烈的国际竞争中才能始终立于不败之地。

2. 科学判断党的历史方位

我们党历经革命、建设和改革，已经从领导人民为夺取全国政权而奋斗的党，成为领导人民掌握全国政权并长期执政的党；已经从受到外部封锁和实行计划经济条件下领导国家建设的党，成为对外开放和发展社会主义市场经济条件下领导国家建设的党。党所处的地位和环境、党所肩负的历史任务、党的自身状况，都发生了新的重大变化。这一时期，正值我们党的队伍进入整体性交接的关键时刻，一大批年轻干部走上了各级领导岗位。尽管党的干部队伍总体是好的，但在一些党员和干部中，还存在着不同程度的思想僵化、信念动摇、道德滑坡、组织涣散和腐败现象。在党员领导干部中违法乱纪、腐化堕落案件时有发生。党的阶级基础在增强，群众基础在扩大，如何进一步提高党的领导水平和执政水平、提高党员拒腐防变和抵御风险的能力，是我们党必须解决好的两大历史性课题。这就要求我们党坚持从新的实际出发，以改革的精神加强和改进党的建设，使党在世界形势深刻变化的历史进程中始终走在时代前列，在应对国内外各种风险考验的历史进程中始终成为全国人民的主心骨，在建设中国特色社会主义的历史进程中始终成为坚强的领导核心。

3. 深刻总结党的历史经验

党的十三届四中全会以来，国际局势风云变幻，我国改革开放和现代化建设的进程波澜壮阔。我们党认真总结苏联解体、东欧剧变的教训，以及我们发生“文化大革命”这样严重曲折的教训，通过深刻分析原因得出两条结论。一是必须坚持社会主义，二是必须进行社会主义改革，探索符合本国实际的社会主义发展道路。实践证明，中国社会主义不仅继续存在，而且通过改革发展得更好了。在我们党的奋斗历程中，团结和带领全国各族人民，完成了新民主主义革命任务，实现了民族独立和人民解放；建立了社会主义制度，实现了中国历史上最广泛最深刻的社会变革；开创了中国特色社会主义事业，走上了实现中华民族伟大复兴的正确道路。总结我们党的历史，可以得出一个重要的结论：我们党之所以赢得人民的拥护，是因为我们党作为中国工人阶级的先锋队和中国人民、中华民族的先锋队，在革命、建设、改革的各个历史时期，总是代表中国先进生产力的发展要求，代表中国先进文化的前进方向，代表中国最广大人民的根本利益，并通过制定正确的路线方针政策，为实现国家和人民的根本利益而不懈奋斗。

4. 中国特色社会主义事业的伟大实践

党的十三届四中全会以来，我们党从容应对一系列关系我国主权和安全的国际突发事件，战胜了在政治、经济领域和自然界出现的各种困难和风险，经受住一次又一次考验，排除各种干扰，保证了改革开放和现代化建设的航船始终沿着正确的方向乘风破浪。我们已经实现了现代化建设“三步走”战略的前两步目标，进入了全面建设小康社会、加快推进社会主义现代化新的发展阶段。伴随着改革开放和发展社会主义市场经济的进程，我国社会生活发生了广泛而深刻的变化，社会经济成分、组织形式、利益分配和就业方式等多样化进一步发展，这给国家的政治经济文化和社会生活的各个方面带来了深刻影响。随着我国社会就业方式、分配方式的多样化，出现了更为复杂的利益关系，原有的社会阶层发生了极大变化，除了工人、农民、知识分子、干部等社会阶层外，还出现了一些新的社会阶层。此外，我国在经历了长时间的经济增长后，也面临着国际经济衰退、国内经济结构需要调整、部分国有企业发展困难较大、人口与资源环境关系紧张、发展经济与保护生态环境的矛盾日益突出等重重压力。正是在应对中国社会经济发展中出现的各种实际问题过程中，在中国特色社会主义的伟大实践中，“三个代表”重要思想逐步形成和发展起来了。

“三个代表”重要思想是一个完整的思想体系，经历了酝酿、形成到逐步深化的过程。2000年2月25日，江泽民同志在广东考察工作时指出，我们党之所以赢得人民的拥护，是因为中国共产党在革命、建设、改革的各个历史时期，总是代表着中国先进生产力的发展要求，代表着中国先进文化的前进方向，代表着中国最广大人民的根本利益，并通过制定正确的路线方针政策，为实现国家和人民的根本利益而不懈奋斗。这是第一次完整地提出“三个代表”的重要思想。同年5月14日，江泽民同志在江苏、浙江、上海党建工作座谈会上讲话，进一步指出：始终做到“三个代表”，是中国共产党的立党之本、执政之基、力量之源，必须把“三个代表”的要求贯彻落实到党的全部工作中去。江泽民同志指出：“我提出这个问题，是经过了长时期思考的。在实行改革开放和发展社会主义市场经济的条件下，建设什么样的党、怎样建设党，是一个重大现实问题，直接关系到我们党和国家的前途命运。党的十四届四中全会和十五大提出的党的建设新的伟大工程，就是回答这个问题的。”① “三个代表”重要思

① 江泽民. 江泽民文选：第3卷［M］. 北京：人民出版社，2006：44.

想，是我们党在理论和实践上不断探索和开拓的结果。2001 年 7 月 1 日，在庆祝中国共产党成立 80 周年大会上，江泽民同志发表重要讲话，全面总结了党 80 年的光辉历程和基本经验，系统阐释了“三个代表”重要思想的科学内涵，深刻回答了新的历史条件下加强和改进党的建设的重大理论和实践问题。2002 年 5 月 31 日，江泽民同志在中央党校省部级干部进修班毕业典礼上深刻阐述了“三个代表”重要思想的内在联系，提出“贯彻‘三个代表’重要思想，关键在坚持与时俱进，核心在保持党的先进性，本质在坚持执政为民”①。这就深刻揭示了“三个代表”重要思想作为一个完整理论体系的内在逻辑关系。江泽民同志在党的十六大报告中，全面阐述了“三个代表”重要思想形成的时代背景、历史地位、精神实质和指导

① 江泽民. 江泽民文选：第 3 卷［M］. 北京：人民出版社，2006：537.

意义。党的十六大将“三个代表”重要思想同马克思列宁主义、毛泽东思想和邓小平理论一道确立为党必须长期坚持的指导思想，并写入党章。

二、“三个代表” 重要思想的主要内容

以江泽民同志为主要代表的中国共产党人以问题为导向，提出了一系列新思想、新观点，丰富和发展了马克思主义理论，形成了“三个代表”重要思想的丰富内涵。

1. 大力弘扬与时俱进的精神

我们党历经革命、建设和改革，已经从领导人民为夺取全国政权而奋斗的党，成为领导人民掌握全国政权并长期执政的党；已经从受到外部封锁和实行计划经济条件下领导国家建

设的党，成为对外开放和发展社会主义市场经济条件下领导国家建设的党。我们只有准确把握时代特点和党的任务，才能科学地制定并正确执行党的路线方针政策，认真研究和解决推动中国社会进步和加强党的建设的问题，做到既不割断历史又不迷失方向，既不落后于时代又不超越阶段，使我们的事业从胜利走向新的胜利。“三个代表”重要思想更重要的在于对马克思主义的创新和发展，在于以马克思主义的理论勇气，总结实践的新经验，借鉴当代人类文明的有益成果，不断扩展理论视野，从世界观和方法论相统一的高度，把“三个代表”重要思想作为一个整体，提出贯彻“三个代表”的根本要求，关键在坚持与时俱进，核心在保持党的先进性，本质在坚持执政为民。既要与时俱进地看世界，又要与时俱进地做工作；既要用先进性来加强党的建设，又要用先进性来改进党的建设；既要树立执政为民的观点，又要提出执政为民的方法。为此，要科学认识与把握共产党执政规律、社会主义建设规律和人类社会发展规律，不断丰富和发展中国特色社会主义理论体系。

2. 发展是党执政兴国的第一要务

党要承担起推动中国社会进步的历史责任，必须始终紧紧抓住发展这个执政兴国的第一要务，把保持党的先进性和发挥社会主义制度的优越性，落实到发展先进生产力、发展先进文化、实现最广大人民的根本利益上来，推动社会全面进步，促进人的全面发展。社会主义要强大，体现优越性，关键在发展。江泽民同志反复强调：“发展是硬道理，这是我们必须始终坚持的一个战略思想。”① 特别是我国这样一个发展中大国，能不能解决好发展问题，直接关

① 江泽民. 江泽民文选：第3卷［M］. 北京：人民出版社，2006：118.

系人心向背、事业兴衰。离开发展，保持党的先进性、发挥社会主义制度的优越性和实现民富国强都无从谈起。面对世界经济和科技前所未有的大发展和激烈的国际竞争，只有加快发展，增强经济实力，提升综合国力，才能在风云变幻的国际局势中处于主动地位，立于不败之地。要坚持以发展为主题，用发展的眼光、发展的思路、发展的办法解决前进中的问题，抓住机遇，开拓进取，奋力在这场竞争中取得主动，发展壮大自己，就能把中国特色社会主义事业不断推向前进。江泽民同志还指出，发展是硬道理，中国解决所有问题的关键在于依靠自己的发展。要紧紧抓住发展这个执政兴国的第一要务，党才能实现历史使命和奋斗目标。只有发展，才能实现全面建设小康社会的宏伟目标，进一步提高人民的物质文化生活水平；才能增强我国的综合国力，实现中华民族的伟大复兴。

3. 建立社会主义市场经济体制

在社会主义条件下发展市场经济，实现了改革开放新的历史性突破，打开了我国经济、政治和文化发展的崭新局面，是前无古人的伟大创举，是中国共产党人对马克思主义发展作出的历史性贡献，具有特殊重要的意义。江泽民同志根据邓小平同志南方谈话精神，明确提出使用“社会主义市场经济体制”这个提法。党的十四大正式把建立社会主义市场经济体制确立为我国经济体制改革的目标。党的十四届三中全会通过的《关于建立社会主义市场经济体制若干问题的决定》，勾画了建立社会主义市场经济体制的蓝图和基本框架。到 20 世纪末，我国初步建立了社会主义市场经济体制。社会主义市场经济是同社会主义基本制度结合在一起的，既可以发挥市场经济的长处，又可以发挥社会主义制度的优越性。江泽民同志强调，要坚持社会主义市场经济的根本方向，使市场在国家宏观调控下对资源配置起基础性作用。我们搞的是社会主义市场经济，“社会主义”这几个字是不能没有的，这并非多余，并非画蛇添足，而恰恰相反，这是画龙点睛。建立社会主义市场经济体制，必须坚持和完善公有制为主体、多种所有制经济共同发展的社会主义基本经济制度，必须毫不动摇地巩固和发展公有制经济，必须毫不动摇地鼓励、支持和引导非公有制经济发展。个体、私营等各种形式的非公有制经济是社会主义市场经济的重要组成部分，对充分调动社会各方面的积极性、加快生产力发展具有重要作用。

4. 全面建设小康社会

江泽民同志提出21世纪头20年是全面建设小康社会的阶段，形成了“两个一百年”的奋斗目标，深化了邓小平理论关于分阶段、有步骤地实现现代化的战略思想，丰富了我们党关于社会主义初级阶段的理论，符合我国国情，符合人民愿望，有利于最广泛最充分地调动一切积极因素为实现中华民族的伟大复兴而奋斗。全面建设小康社会的奋斗目标，是立足于我国的基本国情提出的。到20世纪末，我们已经胜利实现了现代化建设“三步走”战略的第一步、第二步目标，人民生活总体上达到小康水平。但是，这个小康还是低水平的、不全面的、不平衡的。20世纪90年代，江泽民同志就对全面建设小康社会、实现第三步战略目标进行了前瞻性的战略思考。他在党的十五大报告中初步勾画了实现第三步战略目标的蓝图：21世纪第一个十年实现国民生产总值比2000年翻一番，使人民的小康生活更加宽裕，形成比较完善的社会主义市场经济体制；再经过十年的努力，到建党一百年时，使国民经济更加发展，各项制度更加完善；到21世纪中叶新中国成立一百年时，基本实现现代化，建成富强民主文明的社会主义国家。党的十五届五中全会进一步提出，从新世纪开始，我国将进入全面建设小康社会、加快推进社会主义现代化的新的发展阶段。全面建设小康社会，是实现现代化建设第三步战略目标必经的承上启下的发展阶段，也是完善社会主义市场经济体制和扩大对外开放的关键阶段，这是一个能够充分体现社会主义制度优越性的目标。

5. 建设社会主义政治文明

发展社会主义民主政治，建设社会主义政治文明，是社会主义现代化建设的重要目标。在党的十六大报告中，江泽民同志把社会主义物质文明、政治文明、精神文明一起确立为社会主义现代化全面发展的三大基本目标，从而使中国特色社会主义的理论和实践进一步走向成熟和完善。建设社会主义政治文明，是我国改革开放和社会主义现代化建设发展的必然要求，是我们党领导人民坚持和发展人民民主长期实践的必然结论，进一步深化了我们党对中国特色社会主义事业的规律性认识。建设社会主义政治文明涉及政治思想、政治制度、行政管理、法制建设等方面，是一个系统工程。建设社会主义政治文明，最根本的就是要坚持党的领导、人民当家作主和依法治国的有机统一，这是我们推进政治文明建设必须遵循的基本方针，也是我国社会主义政治文明区别于资本主义政治文明的本质特征。

同时，建设社会主义政治文明，必须进行政治体制改革。政治体制改革是社会主义政治制度的自我完善和发展。推进政治体制改革，要有利于增强党和国家的活力，体现和发挥社会主义制度的特点和优势，充分调动人民群众的积极性、创造性，维护国家统一、民族团结和社会稳定，促进经济发展和社会全面进步。

要坚持从我国国情出发，总结实践经验，同时借鉴人类政治文明的有益成果，绝不照搬西方政治制度的模式。政治体制改革要着重加强制度建设，实现社会主义民主政治的制度化、规范化和程序化。

6. 推进党的建设新的伟大工程

江泽民同志紧紧围绕建设什么样的党、怎样建设党，进行了长期深入的思考。他强调一定要从新的实际出发，以改革的精神研究和解决党的建设面临的重大理论和现实问题，使党始终保持先进性和纯洁性，充满创造力、凝聚力和战斗力，推进党的建设新的伟大工程。“三个代表”重要思想从新的高度提出必须不断改进党的领导方式和执政方式。要进一步加强和完善党的领导体制，改进党的领导方式和执政方式，既保证党委的领导核心作用，又充分发挥人大、政府、政协以及人民团体和其他方面的职能作用；必须最广泛最充分地调动一切积极因素，不断为中华民族伟大复兴增添新力量；必须以改革的精神推进党的建设，不断为党的肌体注入新活力，充分体现共产党人的先进性和时代精神；要重点做好在工人、农民、知识分子、军人和干部中发展党员的工作，壮大党的队伍最基本的组成部分和骨干力量。要把承认党的纲领和章程、自觉为党的路线和纲领而奋斗，经过长期考验、符合党员条件的其他社会阶层的先进分子吸收到党内来，增强党在全社会的影响力和凝聚力；要坚持党要管党、从严治党的方针，重点加强党的执政能力建设，不断提高科学判断形势的能力、驾驭市场经济的能力、应对复杂局面的能力、依法执政的能力、总揽全局的能力。江泽民同志指出：“治国必先治党，治党务必从严。治党始终坚强有力，治国必会正确有效。”① 领导干部特别是高级干部，必须以身作则，正确行使手中的权力，始终做到清正廉洁，自觉地与各种腐败现象作坚决斗争。

7. 推进祖国完全统一

从20世纪80年代中后期至90年代末，中国共产党按照“一国两制”方针，先后实现了香港与澳门的顺利回归，这是对中华民族的历史性贡献。香港和澳门的如期回归，是中国在完成祖国统一大业道路上迈出的重要一步。在香港和澳门顺利回归过程中，中国大陆和台湾的关系也逐渐朝着“一国两制”、和平统一的方向发展，中国政府坚定地开展了反“台独”、反分裂斗争，有力地打击了台湾分裂势力的气焰。江泽民同志从客观实际出发，提出了发展两岸

① 江泽民. 江泽民文选：第2卷［M］. 北京：人民出版社，2006：496.

关系的八项主张，经过海峡两岸同胞、港澳同胞和海外侨胞的共同努力，加强了两岸人员往来和经济、文化等领域的交流和发展。

三、成功把中国特色社会主义推向二十一世纪

党的十三届四中全会以后，以江泽民同志为主要代表的中国共产党人，坚持以马克思列宁主义、毛泽东思想、邓小平理论为指导，紧紧依靠全党和全国各族人民，坚持党的十一届三中全会以来的路线不动摇，坚持以经济建设为中心，坚持四项基本原则，坚持改革开放，从容应对来自各方面的困难和风险，全面推进社会主义现代化建设，开创了中国特色社会主义事业新局面。在中国共产党领导下，中国人民战胜了来自国际国内的、经济社会的和自然的

等多方面挑战和考验，中国综合国力大幅度跃升，经济实现了持续、快速、健康发展，社会长期保持安定团结，出现了政通人和、繁荣发展的良好局面，圆满实现了“三步走”发展战略的第二步目标，人民生活总体上实现了由温饱到小康的历史性跨越，成功地把中国特色社会主义事业全面推进到了二十一世纪，开启了全面建设小康社会的新征程。

1. 丰富和发展了中国特色社会主义理论体系

“三个代表”重要思想紧密结合时代发展的新形势，进一步把理论和实践、继承和发展结合起来，坚持以我国改革开放和现代化建设的实际问题、以我们正在做的事情为中心，着眼于马克思主义理论的运用，着眼于对实际问题的理论思考，着眼于新的实践和新的发展，回应我国广大人民群众的新要求，创造性地运用了马克思列宁主义、毛泽东思想，特别是邓小平理论，形成了富有独创性的新的理论成果。“三个代表”重要思想坚持把人民的根本利益作为出发点和归宿，提出“最大多数人的利益是最紧要和最具有决定性的因素”①。党要时刻把人民群众的安危冷暖放在心上，关心群众疾苦，努力为群众办好事、办实事。这一思想进一步揭示了人民群众在人类历史发展中的重要地位和作用，为我们党在代表中国最广大人民的根本利益，加强同人民群众的血肉联系方面指明了方向，丰富了马克思主义唯物史观。

“三个代表”重要思想强调社会主义社会是全面发展、全面进步的社会，衡量党的方针政策的成败得失，必须坚持全面性的标准，既要看是否代表中国先进生产力的发展要求，促进了社会生产力的发展，也要看是否代表中国先进文化的发展方向，促进了中国特色社会主义

① 江泽民．江泽民文选：第3卷［M］．北京：人民出版社，2006：280.

文化建设的发展，还要看是否代表中国最广大人民的根本利益，切实把最广大人民群众的切身利益实现好、维护好、发展好。“三个代表”重要思想揭示了中国特色社会主义是社会主义物质文明、政治文明和精神文明的有机统一，体现了社会主义现代化建设的全面性、系统性，体现了经济、政治、文化全面协调发展的客观要求，加深了我们对建设中国特色社会主义经济、政治、文化的规律性认识。“三个代表”重要思想强调要努力促进人的全面发展，这一思想阐明了社会主义经济、文化发展与人的全面发展的辩证关系，即推进人的全面发展，同推进经济、文化的发展和改善人民物质文化生活，是互为前提和基础的，这是马克思主义关于建设社会主义新社会的本质要求。

“三个代表”重要思想是对马克思列宁主义、毛泽东思想和邓小平理论的继承和发展，是中国特色社会主义理论体系的重要组成部分，是我们党必须长期坚持的指导思想。始终做到“三个代表”，是我们党的立党之本、执政之基、力量之源，也是我们在新世纪全面推进党的建设，不断推进理论创新、制度创新，不断夺取建设中国特色社会主义事业新胜利的根本要求。

2. 推进中国特色社会主义事业的强大理论武器

在“三个代表”重要思想的指导下，以江泽民同志为主要代表的中国共产党人，坚持党的十一届三中全会以来的路线不动摇，从容应对来自各方面的困难和风险，在实践中进一步回答了一系列重大问题，推进了中国特色社会主义事业。“三个代表”重要思想强调要把发展先进生产力、发展先进文化和实现最广大人民的根本利益统一起来，从深层次上揭示了社会主义制度不断完善和发展的途径。始终代表中国先进生产力的发展要求，体现了发展社会主义经济、建设社会主义物质文明的理想和价值目标；始终代表中国先进文化的前进方向，体现了发展社会主义文化、建设社会主义精神文明的理想和价值目标；始终代表中国最广大人民的根本利益，强调以人民群众的利益、要求和实践为最高价值标准和评价标准，体现了我们党的宗旨和我们国家的性质。“三个代表”重要思想从物质基础、文化支撑和社会基础方面揭示了社会主义制度自我完善和发展的途径，说明了只有具备雄厚的物质基础、强大的文化支撑和广泛的群众支持，社会主义制度的自我完善和发展才能够实现。在“三个代表”重要思想的指导下，我们党和国家推进社会主义市场经济改革，不断完善社会主义市场经济体制，进一步消除了束缚生产力发展的体制性障碍；积极稳妥地推进政治体制改革，建设社会主义政治文明，促进了社会主义政治制度的自我完善和发展；加强社会主义精神文明建设，大力发展中国特色社会主义文化，为经济发展和社会进步提供强大的精神动力和智力支持。

“三个代表”重要思想在邓小平理论的基础上，进一步回答了什么是社会主义、怎样建设社会主义的问题，创造性地回答了建设什么样的党、怎样建设党的问题，集中起来就是深化了对中国特色社会主义的认识。“三个代表”重要思想提出的一系列关于中国特色社会主义的发展道路、发展阶段、发展战略、根本目的、根本任务、发展动力、依靠力量、国际战略等重要思想，是完整科学的理论体系，也反映了当代世界和中国的发展变化对党和国家工作的新要求，是加强和改进党的建设、推进我国社会主义自我完善和发展的强大理论武器。

第五章

科学发展观的形成

党的十六大以后，以胡锦涛同志为主要代表的中国共产党人，团结带领全党全国各族人民，在全面建设小康社会进程中推进实践创新、理论创新、制度创新，深刻认识和回答了新形势下实现什么样的发展、怎样发展等重大问题，形成了科学发展观，抓住重要战略机遇期，聚精会神搞建设，一心一意谋发展，强调坚持以人为本、全面协调可持续发展，着力保障和改善民生，促进社会公平正义，推进党的执政能力建设和先进性建设，成功在新形势下坚持和发展了中国特色社会主义。

一、科学发展观的形成条件

进入新世纪以后,中国怎样在充满机遇与挑战的时代，以崭新的面貌向前发展，这是亟须认真思考的问题。以胡锦涛同志为主要代表的中国共产党人，着眼于对实际问题的理论思考，着眼于新的实践和新的发展，着眼于对发展过程中经验教训的吸取，更新发展理念、创新发展方式、破解发展难题，提出了科学发展观。胡锦涛同志在党的十七大报告中指出：“科学发展观，是立足社会主义初级阶段基本国情，总结我国发展实践，借鉴国外发展经验，适应新的发展要求提出来的。”① 科学发展观的形成不是偶然的，是顺应时代潮流、符合实践要求的产物，是在新的历

① 十七大以来重要文献选编：上［M］. 北京：中央文献出版社，2009：10.

史条件下把马克思主义基本原理同中国具体实践相结合的产物。

1. 科学发展观的形成是一个逐步完善和丰富的过程

2003 年 7 月 28 日，在全国防治“非典”工作会议上，胡锦涛同志指出要更好地坚持全面发展、协调发展、可持续发展的发展观。2003 年 10 月，党的十六届三中全会通过的《中共中央关于完善社会主义市场经济体制若干问题的决定》中提出要“坚持以人为本，树立全面、协调、可持续的发展观”，这是党中央首次以中央文件的形式提出科学发展观。2007 年，党的十七大对科学发展观的科学内涵、现实依据、根本要求等做了全面阐述。作为我党提出的最新重大战略思想，在党的十七大对党章作出修改的决议中，把科学发展观第一次写进了党章，并把科学发展观与邓小平理论、“三个代表”重要思想一起作为中国特色社会主义理论体系的重要组成部分。党的十七大以后，国际国内形势不断变化，科学发展观在坚持和发展中国特色社会主义的实践中不断充实丰富，既揭示了社会主义社会的发展规律，又展示了我们党对发展问题认识的不断深化。科学发展观是马克思主义中国化的重大成果，党的十八大把科学发展观确立为党必须长期坚持的指导思想。

2. 科学发展观立足于社会主义初级阶段的基本国情

在新民主主义革命时期，毛泽东同志就指出，认清中国的国情，是认清一切革命问题的根本依据。改革开放以后，在坚持科学社会主义基本原则、总结新中国成立以来历史经验、认清我国当前发展状况的基础上，党对我国社会主义所处的历史阶段进行了新的探索，逐步作出了我国仍处于并将长期处于社会主义初级阶段的科学论断，对我国的基本国情进行了科学、准确地把握。党的十三大，邓小平同志深刻阐述了社会主义初级阶段问题，强调我国社会已经是社会主义社会，但还处于初级阶段，我们必须从这个实际出发而不能超越这个阶段。党的十七大，胡锦涛同志强调要认清社会主义初级阶段基本国情，并坚持把它作为推进改革、谋划发展的根本依据。我国社会主义初级阶段的基本国情，是提出科学发展观的根本依据。正是因为我们是初级阶段的社会主义，正是因为我国的社会主要矛盾还是人民日益增长的物质文化需要同落后的社会生产之间的矛盾，正是因为我国的发展具有长期性和艰巨性，因此我们的一切发展都要立足于这个实际，抓住机遇，应对挑战，更加自觉地走科学发展道路。

3. 科学发展观是对我国发展实践的深刻总结

新中国成立以后，我国逐步建立了独立的比较完整的工业体系和国民经济体系。但是由于对形势的错误认识，脱离了发展实际，我们在发展的道路上走了许多弯路。十一届三中全会的召开，把国家的中心任务转移到经济建设上来，标志着我们党重新确立了马克思主义的思想路线和政治路线，形成了以“一个中心、两个基本点”为主要内容的基本路线，针对我国经济社会发展中出现的突出矛盾和问题，在有关社会发展方面进行了积极的探索，对社会主义现代化建设规律的认识进一步深化，积累了许多新的经验，走出一条有中国特色的社会主义发展道路。自改革开放以来，我国经济社会发展不断加快，综合国力大幅度提升，人民生活水平有了较大提高，但是在追求经济快速增长的同时，忽略了社会其他方面的同步发展，尤其是经济发展与生态环境保护之间的矛盾越来越突出。我们党不仅善于开拓创新，也善于总结正反两方面经验，特别是我国社会主义建设的丰富实践经验，这是科学发展观形成的历史依据。

4. 科学发展观科学借鉴了国外发展经验

第二次世界大战以后，世界政治和经济格局发生了巨大变化。一方面，一些发达国家由于受到战争的影响，经济低迷、发展缓慢，面临着战后经济恢复的任务；另一方面，一大批新兴民族国家实现独立，由于长期受到剥削和压迫，迫切需要振兴经济、消除贫困。在这种情况下，发展成为世界各国共同关注的问题，许多发展理念应运而生，许多发展模式相继问世，国际上产生了欧洲模式、东亚模式、苏联模式、拉美模式等，这些模式在进步的方面都有一定程度的借鉴意义。进入新世纪，和平与发展仍然是时代的主题，世界多极化与经济全球化深入发展，科技革命的不断进步又加速推进世界各国的发展，各国之间的相互依存度加深，人类创造了前所未有的经济成就。但在各国迅速发展的同时，金融危机的爆发、能源资源紧张、生态环境恶化等问题不断产生。我们党作为具有全球视野和开放胸怀的执政党，不仅善于把握发展全局，抓住机遇，大胆吸收世界各国发展的科学理念，而且还善于把握有利条件，扬长避短，通过从别国发展的经验教训中加强自身发展。因此，科学发展观是在汲取各国发展的经验教训、借鉴国外发展理论有益成果的基础上提出来的。

5. 科学发展观适应了新的发展要求

我国进入21世纪后经济社会的发展状况与发展要求，是科学发展观形成的现实依据。进入新世纪以后，经济社会发展呈现出一系列重要特征，这里概括为“八个”好的方面和“八个”存在的问题。“八个”好的方面为：经济实力显著增强、社会主义市场经济体制初步建立、人民生活总体上达到小康水平、协调发展取得显著成绩、社会主义民主政治不断发展、社会主义文化更加繁荣、社会活力显著增强、对外开放日益扩大。“八个”存在问题为：经济发展存在结构性矛盾和粗放型增长方式、改革攻坚面临深层次矛盾和问题、收入分配差距问题、经济社会协调发展问题、民主法制还不适应经济社会发展要求、文化建设还不能满足人民精神文化需求、社会建设和管理面临诸多新课题、统筹国内发展和对外开放问题。这些发展的新的阶段性特征决定了我国的发展必将产生一些不同以往的新要求，决定了人民群众必将对我国的发展产生一系列新期待。科学发展观就是基于这些发展中的新的阶段性特征，为适应发展的新要求、为满足人民群众的新期待而形成的。

二、科学发展观的主要内容

科学发展观的内涵极为丰富,涉及经济、政治、文化、社会、环境、外交等各个领域，既管当前，又管长远；既推动了国内的进步，又影响了世界的发展；既是重大的理论问题，又是重大的实践问题。全面落实科学发展观，首先必须全面准确地把握科学发展观的深刻内涵。党的十七大报告指出：“科学发展观，第一要义是发展，核心是以人为本，基本要求是全面协调可持续，根本方法是统筹兼顾。”

1. 科学发展观的第一要义是发展

坚持发展是第一要义，是马克思主义唯物史观的集中体现。马克思致力于探索人类社会发展规律、促进人类社会发展进步，对生产力问题有着丰富而深刻的论述。马克思主义生产力理论说明了生产力在社会发展中的基础性作用，阐明了生产力是社会发展最终决定性力量，得出了生产力是衡量社会进步的根本尺度的结论。从这个角度来说，国家富强、社会进步、人民幸福必须把发展生产力作为根本任务，因此科学发展观的最根本的任务是解放和发展生产力，体现了历史唯物主义关于生产力和生产关系、经济基础和上层建筑相互联系、相互作用的思想，是马克思主义唯物史观生产力理论的集中体现。在社会主义条件下，坚持发展生产力是衡量社会发展的根本标准，必须把发展生产力作为首要任务，为国家现代化提供坚实的物质基础，始终坚持发展是第一要义。

坚持发展是第一要义，是新中国成立以来我国的一条基本经验。从新中国成立之日起，我们党就以推动中国发展为根本任务。在探索和研究社会主义建设规律的过程中，坚持把马克思主义基本原理与中国具体实际相结合，形成了丰富的关于发展的思想。整个发展的过程是承前启后、循序渐进的，不仅积极推动国内的发展，还主动融入世界发展全球化的浪潮，在全球化中寻求合理的发展。特别是改革开放以后，我们党把发展确定为中国特色社会主义的主题，确立了社会主义初级阶段论并以之为前提，开启了中国特色社会主义的发展道路。科学发展观，既强调要时刻牢记“发展是硬道理”的战略思想，紧紧抓住发展这个党执政兴国的第一要务，坚持聚精会神搞建设、一心一意谋发展，不断解放和发展社会生产力；同时强调要着力把握发展规律、创新发展理念、转变发展方式，用发展的眼光、发展的思路、发展的办法解决前进中的问题，把中国特色社会主义事业不断推向前进。

坚持发展是第一要义，必须以经济建设为中心不动摇。科学发展观是用来指导发展的，其根本着眼点是用科学的发展思路来实现更快更好发展，要求必须遵循生产力发展规律，正确处理生产力发展的快与慢、高与低、质与量、点与面的关系，实现国民经济又好又快发展，为发展中国特色社会主义打下坚实物质基础。首先，要抓好经济建设，任何时候都要牢牢抓住经济建设这个中心不放松，坚定不移地推动经济持续快速协调发展，推动社会全面进步和人的全面发展；其次，要统揽全局、协调推进，正确地处理改革、发展、稳定的关系；再次，以加快转变经济发展方式为主线，着力提高经济增长的质量和效益，努力实现速度和结构、质量、效益相统一；最后，坚持理论和实际相结合，因地制宜、因时制宜地把科学发展观贯穿于各方面、各领域、各环节的工作之中。

2. 科学发展观的核心是以人为本

以人为本，有着中华文明的深厚根基。以

人为本是对中国古代传统文化中“民本”“人本”思想的扬弃，许多有政治远见的政治思想家对民本思想都有论述。古代哲人孔子主张“爱人”“重民”，孟子继承并发扬了此思想，提出“民为贵，社稷次之，君为轻”；《尚书》里就有“民为邦本，本固邦宁”的民本思想；陆凯提出“民安则君安，民乐则君乐”的与民为乐思想；柳宗元主张统治者必须重视人民的意愿和利益，提出了“生人之意”的历史观；白居易提出“邦之兴，由得人也；邦之亡，由失人也”，认为“以天下心为心”“以百姓欲为欲”才是贤明的治世之道。

以人为本，体现了中国共产党的宗旨和执政理念。中国共产党人吸取了传统民本思想中以民为本、体恤民情的合理因素，不是把“利民”作为一种筹码和手段来维护统治阶级的利益，而是作为共产党人的唯一宗旨和出发点。以人为本作为科学发展观的核心思想，既体现了传统的智慧，又体现了对传统人本思想的超越；既继承了历史上的民本思想，又是由社会主义的本质和中国共产党的性质与宗旨决定的；既有着中华文明深厚的历史底蕴，又是时代精神的完美体现。以人为本发展理念的提出，是基于对当代社会发展过程中“人”的主体地位和作用日益突出而作出的思考：发展的主体是人民群众；发展的动力是人民群众的根本利益需求；发展的目的是最大限度地满足人民群众的物质和精神需要；发展的途径是依靠人民群众；发展的成果应该惠及所有人民。

以人为本就是把人作为社会发展的本质。国家、政府、社会所制定的一切路线方针政策都是为了人民的需要、利益和尊严，从而确立人民在我国的主体地位，达到人的自由和全面发展的终极目标。以人为本就意味着要尊重人类发展规律，处理好人与社会的关系，将人的发展视为社会发展的主题和核心，尊重人、关心人、爱护人，优化人民的生存环境，提高人民的生活质量，实现人的全面发展，增强社会的创造活力，形成全体人民团结奋斗的强大力量。以人为本赋予了科学发展观鲜明的时代特征与价值取向，已远远超越了中国传统文化中的民本思想，是对党的建设规律和执政规律的经验总结和理论升华。

3. 科学发展观的基本要求是全面协调可持续

科学发展观是全面发展的发展观。促进全面发展，是科学发展观的重要目的。全面发展，就是在发展过程中全面地兼顾到系统构成的各个要素，必须以经济建设为中心，全面推进政治、文化、社会、生态文明建设，实现我国物质文明、政治文明、精神文明、社会文明和生态文明的全面进步，促进社会主义现代化建设各方面共同发展。我们党对全面发展的认识是随着社会主义建设实践的发展而不断深化的，经历了从三位一体到四位一体，再到五位一体的认识过程。党的十八大将生态文明建设写入党章并进行阐述，使中国特色社会主义事业总体布局更加完善，更有助于全面推进中国特色社会主义事业发展。在经济建设上，以科学发展为主题，以加快转变经济发展方式为主线，加快完善社会主义市场经济体制，着力激发各类市场主体发展新活力，着力增强创新驱动发展新动力，着力构建现代产业发展新体系，着力培育开放型经济发展新优势；在政治建设上，坚持走中国特色社会主义政治发展道路，推进政治体制改革，坚持党的领导、人民当家作主、依法治国有机统一，扩大社会主义民主，加快建设社会主义法治国家，发展社会主义政治文明；在文化建设上，坚持走中国特色社会主义文化发展道路，加强社会主义核心价值体系建设，丰富人民精神文化生活，增强文化整体实力和竞争力，推动社会主义精神文明和物质文明全面发展，建设社会主义文化强国；在社会建设上，必须从维护最广大人民根本利益的高度，以保障和改善民生为重点，加快健全基本公共服务体系，加强和创新社会管理，推动社会主义和谐社会建设；在生态文明建设上，树立尊重自然、顺应自然、保护自然的生态文明理念，把生态文明建设放在突出地位，融入经济建设、政治建设、文化建设、社会建设各方面和全过程，努力建设美丽中国，实现中华民族永续发展。

科学发展观是协调发展的发展观。协调发展是指尊重客观规律，使发展的各要素、各方面、各环节都相互平衡、相互适应、相互促进，保持一种理想的发展状态。经济社会发展不协调的问题在世界各国都普遍存在，如何实现协调发展也是我国要努力解决的问题。胡锦涛同志深刻指出："协调发展，就是要统筹城乡发展、统筹区域发展、统筹经济社会发展、统筹人与自然和谐发展、统筹国内发展和对外开放，推进生产力和生产关系、经济基础和上层建筑相协调，推进经济、政治、文化建设的各个环节、各个方面相协调。”① 一是促进城乡协调发展。就是要站在经济社会发展全局的高度研究和解决“三农”问题，改变城乡二元结构问题，充分发挥城市对农村的辐射和带动作用，积极稳妥推进城乡一体化建设和大力推进社会主义新农村建设，坚持走中国特色城镇化道路。二是促进区域协调发展。就是要发挥各个地区的发展优势和潜在能力，逐步缩小地区差距扩大的趋势，实现共同发展。党的十八大进一步指出，继续实施区域发展总体战略，充分发挥各地区比较优势，优先推进西部大开发，全面振兴东北地区等老工业基地，大力促进中部地区崛起，积极支持东部地区率先发展。采取对口

---

① 十六大以来重要文献选编：上［M］．北京：中央文献出版社，2005：850.

支援等多种形式，加大对革命老区、民族地区、边疆地区、贫困地区扶持力度。三是促进经济社会协调发展。就是要同时兼顾经济与社会的共同发展，在以经济建设为中心的同时，加大对社会事业的投入，以改善民生为重点，加强和创新社会管理，大力发展教育、就业、医疗、社会保障等事业，化解社会矛盾，促进社会和谐。四是促进人与自然和谐发展。随着人口的不断增加，人口、经济、环境之间的矛盾越来越尖锐，必须要处理好人口增长、经济建设与资源利用、环境保护之间的关系，既追求经济效益，又重视社会效益和生态效益；既促进当前发展，又考虑长远的发展。五是促进国内发展与对外开放协调发展。就是要主动融入全球化发展进程，协调好国内发展与国际环境的关系，协调好扩大内需与扩大外需的关系，协调好“引进来”与“走出去”的关系，协调好利用国内资源与国际资源的关系，把利用国外有利条件与发挥国内优势结合起来。

科学发展观是可持续发展的发展观。我们党早在20世纪90年代就开始实施可持续发展战略，党的十七大进一步对可持续发展的基本要求作出科学概括，就是要“坚持生产发展、生活富裕、生态良好的文明发展道路，建设资源节约型、环境友好型社会，实现速度和结构质量效益相统一、经济发展与人口资源环境相协调，使人民在良好生态环境中生产生活，实现经济社会永续发展。”实现可持续发展，一要处理好人与自然的关系，建立资源节约型和环境友好型社会。我国人口众多，资源消耗大、环境污染严重，必须正确审视人与自然的关系，改变那些重建设、轻保护，重开发、轻治理，重眼前、轻长远，重局部、轻整体的错误做法，把坚持以人为本与尊重自然规律相结合，将人类的目的性与自然的规律性相统一，着力推进绿色发展、循环发展、低碳发展，加快建设资源节约型和环境友好型社会，为人类的长期生存和永续发展创造一个良好的环境和条件。二要处理好发展速度与效益的关系，把科技创新作为推进可持续发展的不竭动力。实现可持续发展，必须改革传统的经济发展方式，努力提高科学技术自主创新能力，使经济增长转移到依靠科技进步和提高劳动者素质的轨道上来，走新型工业化道路，走出一条科技含量高、经济效益好、环境污染少、资源消耗低的道路。

4. 科学发展观的根本方法是统筹兼顾

统筹兼顾是我们党长期执政过程中形成的一条重要历史经验。胡锦涛同志在党的十七大报告中指出："统筹兼顾是我们在中国这样一个十几亿人口的发展中大国治国理政的重要历史经验，是我们处理各方面矛盾和问题必须坚持的重大战略方针，也是我们党一贯坚持的科学有效的工作方法。”① 统筹兼顾，就是统揽全局、科学筹划、协调发展、兼顾各方，这是科学发展观的根本要求，也是我们党治国理政经验的宝贵总结。1956 年，毛泽东同志在《论十大关系》一文中提出，社会主义建设的基本方针就是统筹兼顾，各得其所；1957 年，他在《关于正确处理人民内部矛盾的问题》一文中进一步指出，我们的方针是统筹兼顾、适当安排。改革开放以后，我们党在把握全局、统筹兼顾问题上的理论和实践都有了新的重大发展。随着社会主义现代化建设的不断推进，我们党对处理各方面的矛盾、协调各种利益关系的要求也会更高更全面。

统筹兼顾体现了唯物辩证法在发展问题上的科学运用。一是体现了普遍联系的观点。事物是普遍联系的，任何事物的发展都与其他事

① 科学发展观重要论述摘编［M］. 北京：中央文献出版社，2008：56.

物的发展相联系、相依存，这就要求必须坚持用联系的观点看待事物和解决问题，搞好统筹兼顾。既要把全国发展作为一个整体，实行全国一盘棋，又要把地方、部门、产业的发展作为全国发展的一个部分，进行整体谋划、协调发展。二是体现了两点论和重点论的辩证统一。坚持统筹兼顾必须正确处理中心工作与其他工作的关系，坚持两点论与重点论相统一。一方面要学会“弹钢琴”，既抓主要矛盾又抓次要矛盾，既抓矛盾的主要方面又抓矛盾的次要方面，把各方面的工作都要做好且兼顾到位。毛泽东同志就曾经提出：“弹钢琴要十个指头都动作，不能有的动，有的不动。”[①] 另一方面不能“眉毛胡子一把抓”，在抓好全面工作的同时，又要重点抓主要矛盾和矛盾的主要方面，做好顶层设计抓好中心工作，其他 切工作都要围绕这

---

① 毛泽东. 毛泽东选集：第4卷［M］. 北京：人民出版社，1991：1442.

个中心来开展。

科学把握统筹兼顾的基本要求。一是要坚持整体和局部的关系。必须对中国特色社会主义各项事业有整体观、大局观，妥善处理各发展领域的关系、各种具体的利益关系，形成统筹兼顾的利益协调机制。要正确处理中央和地方的关系，既保证中央政令畅通、令行禁止，又支持地方因地制宜、发挥优势。二是要坚持当前和长远的关系。既要弄清楚事物的发展现状，又要研究事物的未来发展趋势，做到立足当前、放眼长远、兼顾各方、综合平衡。要一切从实际出发，努力做好当前工作的同时，又要兼顾未来发展的可能性，对长远发展要有所预见和规划。三是要坚持重点和一般的关系。就是要在纷繁复杂的矛盾中抓住根本，做到抓住重点，兼顾一般。把工作的重点真正放到解决改革发展稳定中的突出问题上、放到人民群众关心关注的问题上，着力在重要领域和关键环节取得突破，做到以点带面、整体推进。

三、成功在新形势下坚持和发展了中国特色社会主义

党的十六大以来,以胡锦涛同志为主要代表的中国共产党人，高举中国特色社会主义伟大旗帜，在带领党和人民推进全面建设小康社会进程中，大力推进实践基础上的理论创新，集中全党智慧形成了科学发展观，科学回答了新世纪新阶段实践提出的新课题，开辟了马克思主义发展新境界，开创了中国特色社会主义事业新局面。

1. 科学回答了新世纪新阶段实践提出的新课题

进入新世纪新阶段，在全面建设小康社会的征程中，我国社会发展呈现出一系列新的阶

段性特征。一方面，经过改革开放，我国实现了由温饱到小康的历史性跨越，综合国力显著提升，人民生活水平不断提高。另一方面，我国还面临着许多亟需解决的矛盾和问题，面临的挑战前所未有。面对这些由来已久、充满挑战的问题，我们党不回避、不敷衍，以正视现实、实事求是的理论勇气和勇于担当、勇于开拓的创新精神，大力推进理论创新，积极探索回答和解决这些重大课题的答案。科学发展观坚持以马克思列宁主义、毛泽东思想、邓小平理论和“三个代表”重要思想为指导，立足我国社会主义初级阶段基本国情，针对我国发展新的阶段性特征，紧密结合世界发展大势和广大人民群众的新要求，提出了一系列重大战略思想和新观点、新论断，创造性地回答了实现什么样的发展、怎样发展等一系列重大问题，进一步回答了建设什么样的社会主义、怎样建设社会主义，建设什么样的党、怎样建设党等重大理论和实践问题，开辟了马克思主义的新境界，有力地推进了马克思主义中国化的历史进程。

2. 把中国特色社会主义理论体系推进到新境界

科学发展观与邓小平理论、“三个代表”重要思想一脉相承，是中国特色社会主义理论体系的重要创新成果，是中国特色社会主义理论体系的重要组成部分，是指导党和国家全部工作的根本指导思想。其一，科学发展观贯穿了中国特色社会主义这个主题，在理论主题、思想基础、政治理想、根本立场上一以贯之。其二，科学发展观用一系列具有鲜明时代特点的新思想、新观点、新论断创建了完整的科学发展理论体系，对坚持和发展中国特色社会主义作出了历史性的贡献，推动了中国特色社会主义理论体系的与时俱进。在发展道路的问题上，提出必须坚持走中国特色社会主义道路；在发展阶段的问题上，提出进入新世纪我国仍然处在社会主义初级阶段；在发展的依靠力量上，坚持以人为本，强调人民群众是发展的主体，发展为了人民、发展依靠人民、发展成果由人民共享；在发展的动力问题上，强调只有改革开放才能发展中国，要坚持不懈把改革创新精神贯彻到治国理政各个环节；在发展战略问题上，深入实施科教兴国战略、西部大开发战略、可持续发展战略，实施互利共赢的开放战略和“走出去”战略等；在发展的外部条件问题上，强调中国的发展离不开世界，世界的繁荣稳定也离不开中国；在发展的领导力量问题上，强调中国共产党必须加强自身建设，始终成为中国特色社会主义事业的坚强领导核心。

3. 促进了中国特色社会主义事业新发展

党的十六大以来，党和国家坚定贯彻落实科学发展观，以科学发展观统领社会主义各项事业的发展。在经济领域，坚持发展是第一要义，着力转变经济发展方式，提高自主创新能力，走新型工业化道路；在政治领域，坚持中国特色社会主义政治发展道路，积极稳妥推进政治体制改革，扩大社会主义民主，发展社会主义政治文明；在文化领域，坚持社会主义先进文化前进方向，以建设社会主义核心价值体系为根本任务，发展民族的科学的大众的社会主义文化；在社会领域，以保障和改善民生为重点，着力解决人民最关心最直接最现实的利益问题；在生态环境领域，坚持走生产发展、生活富裕、生态良好的文明发展道路，建设资源节约型、环境友好型社会。在此期间，我国社会生产力、经济实力、科技实力迈上一个大台阶，人民生活水平、居民收入水平、社会保障水平迈上一个大台阶，综合国力、国际竞争力、国际影响力迈上一个大台阶，为实现全面建设小康社会的奋斗目标打下了坚持基础，极大地推动了中国特色社会主义实践的与时俱进。我们有效应对国际金融危机的严重冲击，成功举办北京奥运会、残奥会和上海世博会，战胜突如其来的非典疫情，夺取抗击汶川特大地震等严重自然灾害和灾后恢复重建重大胜利，妥善处置一系列重大突发事件，巩固和发展了改革开放和社会主义现代化建设大局，彰显了中国特色社会主义的巨大优越性和强大生命力，增强了中国人民和中华民族的自豪感和凝聚力。

第六章

习近平新时代中国特色社会主义思想的创立

中国特色社会主义进入新时代，以习近平同志为主要代表的中国共产党人，坚持把马克思主义基本原理同中国具体实际相结合、同中华优秀传统文化相结合，坚持毛泽东思想、邓小平理论、“三个代表”重要思想、科学发展观，深刻总结并充分运用党成立以来的历史经验，从新的实际出发，创立了习近平新时代中国特色社会主义思想。习近平新时代中国特色社会主义思想是当代中国马克思主义、二十一世纪马克思主义，是中华文化和中国精神的时代精华，实现了马克思主义中国化新的飞跃。

一、习近平新时代中国特色社会主义思想创立的时代背景

时代是思想之母,实践是理论之源。马克思恩格斯指出:“一切划时代的体系的真正的内容都是由于产生这些体系的那个时期的需要而形成起来的。”习近平新时代中国特色社会主义思想就是在中国特色社会主义进入新时代的历史方位,世情、国情、党情发生复杂深刻变化的历史条件下,立足时代之基、回答时代之问而创立出来的,具有鲜明的时代特征。

1. 中国特色社会主义进入新时代

经过长期努力,中国特色社会主义进入了新时代,这是我国发展新的历史方位。党的十九大作出的这一重大政治论断,立足于党和国

家事业大大向前发展的新实际，有着充分的理论依据、历史依据和实践依据。

首先，中国特色社会主义进入新时代是我国社会主要矛盾转化的必然结果。党的十八大以来，我国社会主要矛盾已经转化为人民日益增长的美好生活需要和不平衡不充分的发展之间的矛盾。人民美好生活需要日益广泛，不仅对物质文化生活提出了更高要求，而且在民主、法治、公平、正义、安全、环境等方面的要求日益增长。同时，我国社会生产力水平总体上显著提高，社会生产能力在很多方面进入世界前列，更加突出的问题是发展不平衡不充分。我国社会主要矛盾的变化是关系全局的历史性变化，对党和国家工作提出了许多新要求。要在继续推动发展的基础上，着力解决好发展不平衡不充分问题，大力提升发展质量和效益，更好满足人民在经济、政治、文化、社会、生态等方面日益增长的需要，更好推动人的全面发展、社会全面进步。我国社会主要矛盾的变化，没有改变我们对我国社会主义所处历史阶段的判断，我国仍处于并将长期处于社会主义初级阶段的基本国情没有变，我国是世界最大发展中国家的国际地位没有变，必须坚持党的基本路线，既不落后于时代，也不能脱离实际、超越阶段。

其次，中国特色社会主义进入新时代是改革开放以来我国发生历史性变化的必然结果。改革开放是决定当代中国前途命运的关键一招。特别是党的十八大以来，习近平同志以深厚的人民情怀、卓越的政治智慧、强烈的使命担当，带领全党全国人民发扬伟大的历史主动精神，提出一系列新理念新思想新战略，出台一系列重大方针政策，推出一系列重大举措，推进一系列重大工作，解决了许多长期想解决而没有解决的难题，办成了许多过去想办而没有办成的大事，推动党和国家事业取得历史性成就、发生历史性变革，在中华大地全面建成小康社会，为党和国家事业全面发展奠定了更加坚实的基础，为中国特色社会主义进入新时代作出了开创性贡献。

新时代特指中国特色社会主义新时代，而不是别的什么新时代。中国特色社会主义新时代具有丰富内涵和深远意蕴。“我们必须认识到，这个新时代是中国特色社会主义新时代，而不是别的什么新时代。”① 中国特色社会主义新时代是承前启后、继往开来、在新的历史条件下继续夺取中国特色社会主义伟大胜利的时代，是决胜全面建成小康社会进而全面建设社会主义现代化强国的时代，是全国各族人民团结奋斗、不断创造美好生活、逐步实现全体人民共同富裕的时代，是全体中华儿女勠力同心、奋力实现中华民族伟大复兴中国梦的时代，是

① 习近平. 习近平谈治国理政：第 3 卷［M］. 北京：外文出版社，2020：70.

我国不断为人类作出更大贡献的时代。

中国特色社会主义进入新时代，在中华人民共和国发展史、中华民族发展史、世界社会主义发展史和人类社会发展史上都具有重大意义。党的十九大指出："中国特色社会主义进入新时代，意味着近代以来久经磨难的中华民族迎来了从站起来、富起来到强起来的伟大飞跃，迎来了实现中华民族伟大复兴的光明前景；意味着科学社会主义在二十一世纪的中国焕发出强大生机活力，在世界上高高举起了中国特色社会主义伟大旗帜；意味着中国特色社会主义道路、理论、制度、文化不断发展，拓展了发展中国家走向现代化的途径，给世界上那些既希望加快发展又希望保持自身独立性的国家和民族提供了全新选择，为解决人类问题贡献了中国智慧和中国方案。"这"三个意味着"分别从中华民族复兴的历史进程，从科学社会主义发展进程，从人类文明进程深刻阐明了新时代的历史意义、政治意义和世界意义。

中国特色社会主义进入新时代，为我们深刻把握当代中国发展的新阶段新特征、科学制定党的路线方针政策提供了时代坐标和基本依据。这表明，中国特色社会主义事业要从第一个百年奋斗目标迈向第二个百年奋斗目标，全面建成小康社会、加快推进社会主义现代化、实现中华民族伟大复兴面临更为光明的前景。[①]

2. 中华民族伟大复兴正处于关键时期

中国特色社会主义进入新时代是我国发展步入近代以来的最好时期，正处于实现中华民族伟大复兴的关键时期。新中国成立以来特别是改革开放以来，我国社会生产力、综合国力、人民生活水平实现了历史性跨越，经济实力、科技实力、国防实力进入世界前列。今日之中

---

① 习近平. 习近平谈治国理政：第 3 卷［M］. 北京：外文出版社，2020：61.

国，早已告别了积贫积弱的时代，也早已告别了物质短缺的时代，实现了从生产力相对落后的状况到经济总量跃居世界第二的历史性突破，实现了人民生活从温饱不足到总体小康、奔向全面小康的历史性跨越，推进了中华民族从站起来到富起来的伟大飞跃。我们比历史上任何时期都更接近、更有能力和信心实现中华民族伟大复兴的目标。

社会变革是历史性的，发展成就是历史性的，但是我国的基本国情和国际地位没有变，坚持发展这个党执政兴国的第一要务，全面建成小康社会后全面开启社会主义国家新征程进而全面建成社会主义现代化强国，任重而道远。同时还要看到，当前我国社会的主要矛盾已经转化为人民日益增长的美好生活需要和不平衡不充分的发展之间的矛盾。这个新的时代特点，对党和国家各项工作都提出了新的更高要求。

船到中流浪更急，人到半山路更陡。新时代是大的机遇也面临巨大的挑战，是我国发展关键期、改革攻坚期和矛盾凸显期。现在的我们具备良好发展条件，但也面临诸多困难和问题，形势环境变化之快、改革发展稳定任务之重、矛盾风险挑战之多是前所未有的，对我们党治国理政考验之大同样前所未有。在 14 亿多人口的大国实现社会主义现代化，这是人类历史上从未有过的壮举。实现“两个一百年”奋斗目标和中华民族伟大复兴的中国梦，将创造人类发展史上惊天动地的发展奇迹。面对这样的任务、挑战和考验，中国改革需要“涉深水”和“闯险滩”，需要防范化解“黑天鹅”“灰犀牛”事件等各种重大风险，这些都无疑考验着当代中国共产党人的胆略和智慧。

站在历史的交汇点，中国共产党和中国人民迫切需要凝心聚力、谋篇布局、攻坚克难的科学理论举旗定向、照亮前程。习近平新时代中国特色社会主义思想，正是在新时代进行深邃思考和历史担当中应运而生的，在中华民族迎来从站起来、富起来到强起来的伟大飞跃中，在不断推进党的自我革命，实现党的自我净化、自我完善、自我革新、自我提高的过程中创立并不断丰富发展的。

3. 中国共产党已经走上了新的赶考路

中国共产党是实现中华民族伟大复兴的根本保证。新的历史条件下，党面临的执政环境和社会条件已经并继续发生着深刻变化，面临“四大考验”（执政考验、改革开放考验、市场经济考验、外部环境考验）和“四大危险”（精神懈怠的危险、能力不足的危险、脱离群众的危险、消极腐败的危险）。中国共产党在成立时只有 50 多名党员，到今天已成为拥有 9500 多万名党员、480 多万个基层党组织、具有重大全球影响力的世界第一大执政党，党能不能不断提高领导能力和执政能力，能不能始终坚定走在时代前列、经得起各种风浪考验，直接关系到能不能实现“两个一百年”奋斗目标和中华民族伟大复兴的前景。

坚持从严管党治党，勇于开展自我革命，是中国共产党区别于其他政党的显著标志。改革开放以来，党坚持党要管党、从严治党，推进党的建设取得明显成效。同时，由于一度出现管党不力、治党不严问题，有些党员、干部政治信仰出现严重危机，一些地方和部门选人用人风气不正，形式主义、官僚主义、享乐主义和奢靡之风盛行，特权思想和特权现象较为普遍存在。党的十八大以来，以习近平同志为核心的党中央，勇于面对党面临的重大风险考验和党内存在的突出问题，坚持和加强党的全面领导，以坚定决心、顽强意志、空前力度推进全面从严治党，党的创造力、凝聚力、战斗力显著增强，为建设坚强有力的马克思主义政党，确保党长期执政和国家长治久安提供了根本保证。

4. 世界正经历百年未有之大变局

当今世界正经历百年未有之大变局，是党的十八大后习近平同志分析世界形势发展变化而提出并反复强调的一个重大战略判断，是习近平新时代中国特色社会主义思想的一个重要时代背景和立足点。

国际力量对比深刻调整。进入 21 世纪，随着世界多极化、经济全球化、社会信息化、文化多样化深入发展，新兴市场国家和一大批发展中国家快速崛起，国际影响力不断增强，西方发达国家的世界主导地位持续走弱，国际实力对比“东升西降”，但国际话语权“西强我弱”的格局没有根本改变。

新一轮科技革命和产业变革深入发展。人类社会现在已经进入第四次科技革命时代。信息、生命、制造、能源、空间、海洋等领域的原创突破，为前沿技术、颠覆性技术提供了更多创新源泉。科技成果转化速度日益加快，产业组织形态正在经历新的重大变化，对全球创新版图的重构和全球经济结构的重塑作用变得更加突出。科学技术从来没有像今天这样，深刻影响着世界各国的前途命运和人民的生产生活，深刻影响着各国力量的消长兴衰。

和平与发展仍然是时代主题，人类命运共同体理念深入人心，同时国际环境日趋复杂，不稳定性不确定性明显增加。国际金融危机深层次影响持续发酵，世界经济增长乏力，催生政治多极化、种族冲突、民粹主义、贸易保护主义、孤立主义等思潮不断抬头，贫富分化日益严重，地区热点问题此起彼伏，恐怖主义、网络安全、重大传染性疾病、气候变化等非传统安全威胁持续蔓延。人类面临许多共同挑战，治理赤字、信任赤字、发展赤字、和平赤字等问题越来越严重。新冠肺炎疫情全球大流行成为世界百年未有之大变局的新变量，不仅让复苏乏力的世界经济雪上加霜，更重要的是它凸显出西方发达资本主义国家主导下国际体系的严重弊端，加快了国际力量此消彼长，推动大变局不断向纵深发展。

大变局带来大挑战，也带来大机遇。在世界大变局中，中国成为世界格局演变的主要推动力量。中国特色社会主义事业取得举世瞩目的伟大成就，以不可辩驳的事实彰显了科学社会主义的鲜活生命力，中国发展理念、发展道路、发展模式的影响力吸引力显著增强。人们正在见证“历史终结论”的终结，“中国崩溃论”的崩溃，“社会主义失败论”的失败。中国特色社会主义道路越走越宽广，使世界上正视与相信马克思主义和社会主义的人多了起来，使世界范围内两种意识形态、两种社会制度的历史演进及其较量发生了有利于马克思主义、社会主义的深刻转变。

面对世情的深刻变化，中国共产党和中国人民迫切需要因势而谋、应势而动、顺势而为的科学理论。习近平新时代中国特色社会主义思想，正是在把握世界发展大势、应对全球共同挑战、维护人类共同利益、完善全球治理体系的过程中，在对科学社会主义理论与实践的深邃思考、深刻总结，对坚持和发展中国特色社会主义的不懈探索和砥砺前行中创立并不断丰富发展的。

任何伟大的思想都带着其创立者独特的个人风格和鲜明的印记标识。习近平同志作为党中央的核心、全党的核心，对新时代党和国家事业发展的一系列重大理论和实践问题进行了深邃思考和科学判断，就新时代坚持和发展什么样的中国特色社会主义、怎样坚持和发展中国特色社会主义，建设什么样的社会主义现代化强国、怎样建设社会主义现代化强国，建设什么样的长期执政的马克思主义政党、怎样建设长期执政的马克思主义政党等重大时代课题，提出一系列原创性的治国理政新理念新思想新战略，是习近平新时代中国特色社会主义思想的主要创立者。

二、习近平新时代中国特色社会主义思想的核心内容

习近平新时代中国特色社会主义思想的核心内容是党的十九大报告概括的“八个明确”和“十四个坚持”。党的十九大之后，从新的实际出发，根据国内外形势的发展，习近平同志以马克思主义政治家、思想家、战略家的非凡理论勇气、卓越政治智慧、强烈使命担当，以“我将无我，不负人民”的赤子情怀，又提出一系列具有开创性意义的新理念新思想新战略。

党的十九届六中全会通过的《中共中央关于党的百年奋斗重大成就和历史经验的决议》，在党的十九大报告“八个明确”的基础上，用“十个明确”对习近平新时代中国特色社会主义思想的核心内容进行了进一步概括。《中共中央关于党的百年奋斗重大成就和历史经验的决议》还从十三个方面分领域总结了新时代党和国家事业取得的成就，并重点概括了其中的原创性的理念和思想。

1.“十个明确”的核心内容

明确中国特色社会主义最本质的特征是中国共产党领导，中国特色社会主义制度的最大优势是中国共产党领导，中国共产党是最高政治领导力量，全党必须增强“四个意识”、坚定“四个自信”、做到“两个维护”。

明确坚持和发展中国特色社会主义，总任务是实现社会主义现代化和中华民族伟大复兴，在全面建成小康社会的基础上，分两步走在本世纪中叶建成富强民主文明和谐美丽的社会主义现代化强国，以中国式现代化推进中华民族伟大复兴。

明确新时代我国社会主要矛盾是人民日益增长的美好生活需要和不平衡不充分的发展之间的矛盾，必须坚持以人民为中心的发展思想，发展全过程人民民主，推动人的全面发展，全体人民共同富裕取得更为明显的实质性进展。

明确中国特色社会主义事业总体布局是经济建设、政治建设、文化建设、社会建设、生态文明建设五位一体，战略布局是全面建设社会主义现代化国家、全面深化改革、全面依法治国、全面从严治党四个全面。

明确全面深化改革总目标是完善和发展中国特色社会主义制度、推进国家治理体系和治理能力现代化。

明确全面推进依法治国总目标是建设中国

特色社会主义法治体系、建设社会主义法治国家。

明确必须坚持和完善社会主义基本经济制度，使市场在资源配置中起决定性作用，更好发挥政府作用，把握新发展阶段，贯彻创新、协调、绿色、开放、共享的新发展理念，加快构建以国内大循环为主体、国内国际双循环相互促进的新发展格局，推动高质量发展，统筹发展和安全。

明确党在新时代的强军目标是建设一支听党指挥、能打胜仗、作风优良的人民军队，把人民军队建设成为世界一流军队。

明确中国特色大国外交要服务民族复兴、促进人类进步，推动建设新型国际关系，推动构建人类命运共同体。

明确全面从严治党的战略方针，提出新时代党的建设总要求，全面推进党的政治建设、思想建设、组织建设、作风建设、纪律建设，把制度建设贯穿其中，深入推进反腐败斗争，落实管党治党政治责任，以伟大自我革命引领伟大社会革命。

这些战略思想和创新理念，是党对中国特色社会主义建设规律认识深化和理论创新的重大成果。这“十个明确”是在原来“八个明确”的基础上，增加了许多党的十九大以来习近平同志对中国时代重大课题进行深邃思考后提出的原创性理念和观点。

2.“十四个坚持”的基本方略

“十四个坚持”是新时代坚持和发展中国特色社会主义的基本方略，是落实习近平新时代中国特色社会主义思想的实践要求。

坚持党对一切工作的领导。党政军民学，东西南北中，党是领导一切的。必须增强政治意识、大局意识、核心意识、看齐意识，自觉维护党中央权威和集中统一领导，自觉在思想上政治上行动上同党中央保持高度一致。

坚持以人民为中心。人民是历史的创造者，是决定党和国家前途命运的根本力量。必须坚持人民主体地位，坚持立党为公、执政为民，践行全心全意为人民服务的根本宗旨。

坚持全面深化改革。必须坚持和完善中国特色社会主义制度，不断推进国家治理体系和治理能力现代化，坚决破除一切不合时宜的思想观念和体制机制弊端，突破利益固化的藩篱，吸收人类文明有益成果，构建系统完备、科学规范、运行有效的制度体系，充分发挥我国社会主义制度优越性。

坚持新发展理念。发展是解决我国一切问题的基础和关键，发展必须是科学发展，必须坚定不移贯彻创新、协调、绿色、开放、共享的发展理念。

坚持人民当家作主。坚持党的领导、人民当家作主、依法治国有机统一是社会主义政治发展的必然要求。

坚持全面依法治国。全面依法治国是中国特色社会主义的本质要求和重要保障。

坚持社会主义核心价值体系。必须坚持马克思主义，牢固树立共产主义远大理想和中国特色社会主义共同理想，培育和践行社会主义核心价值观，更好构筑中国精神、中国价值、中国力量，为人民提供精神指引。

坚持在发展中保障和改善民生。增进民生福祉是发展的根本目的。必须多谋民生之利、多解民生之忧，在发展中补齐民生短板、促进社会公平正义，在幼有所育、学有所教、劳有所得、病有所医、老有所养、住有所居、弱有所扶上不断取得新进展。

坚持人与自然和谐共生。建设生态文明是中华民族永续发展的千年大计。必须树立和践行绿水青山就是金山银山的理念。

坚持总体国家安全观。统筹发展和安全，

增强忧患意识，做到居安思危，是我们党治国理政的一个重大原则。

坚持党对人民军队的绝对领导。建设一支听党指挥、能打胜仗、作风优良的人民军队，是实现“两个一百年”奋斗目标、实现中华民族伟大复兴的战略支撑。

坚持“一国两制”和推进祖国统一。保持香港、澳门长期繁荣稳定，实现祖国完全统一，是实现中华民族伟大复兴的必然要求。

坚持推动构建人类命运共同体。中国人民的梦想同各国人民的梦想息息相通，实现中国梦离不开和平的国际环境和稳定的国际秩序。

坚持全面从严治党。勇于自我革命，从严管党治党，是我们党最鲜明的品格。

这“十四个坚持”，涵盖坚持党的领导和“五位一体”总体布局、“四个全面”战略布局，涵盖国防和军队建设、维护国家安全、对外战略，是对党的治国理政重大方针、原则的最新概括，是实现“两个一百年”奋斗目标、实现中华民族伟大复兴中国梦的“路线图”和“方法论”。

“十个明确”“十四个坚持”相互融合、有机统一，系统回答了新时代坚持和发展什么样的中国特色社会主义、怎样坚持和发展中国特色社会主义，建设什么样的社会主义现代化强国、怎样建设社会主义现代化强国，建设什么样的长期执政的马克思主义政党、怎样建设长期执政的马克思主义政党等重大时代课题，体现了习近平新时代中国特色社会主义思想理论与实际相结合、认识论与方法论相统一的鲜明特色，彰显了党的创新理论的时代性、开放性和创造性。

3.“十三个方面”历史性成就

改革开放以后，党和国家事业取得重大成就，为新时代发展中国特色社会主义事业奠定了坚实基础、创造了有利条件。同时，党清醒地认识到，外部环境变化带来许多新的风险挑战，国内改革发展稳定面临不少长期没有解决的深层次矛盾和问题以及新出现的一些矛盾和问题，管党治党一度宽松软带来党内消极腐败现象蔓延、政治生态出现严重问题，党群干群关系受到损害，党的创造力、凝聚力、战斗力受到削弱，党治国理政面临重大考验。以习近平同志为核心的党中央，以伟大的历史主动精神、巨大的政治勇气、强烈的责任担当，统筹国内国际两个大局，贯彻党的基本理论、基本路线、基本方略，统揽伟大斗争、伟大工程、伟大事业、伟大梦想，坚持稳中求进工作总基调，出台一系列重大方针政策，推出一系列重大举措，推进一系列重大工作，战胜一系列重大风险挑战，解决了许多长期想解决而没有解决的难题，办成了许多过去想办而没有办成的大事，推动党和国家事业取得历史性成就、发生历史性变革。

在坚持党的全面领导上。以习近平同志为核心的党中央旗帜鲜明提出，党的领导是党和国家的根本所在、命脉所在，是全国各族人民的利益所系、命运所系，全党必须自觉在思想上政治上行动上同党中央保持高度一致，提高科学执政、民主执政、依法执政水平，提高把方向、谋大局、定政策、促改革的能力，确保充分发挥党总揽全局、协调各方的领导核心作用。党的十八大以来，党中央权威和集中统一领导得到有力保证，党的领导制度体系不断完善，党的领导方式更加科学，全党思想上更加统一、政治上更加团结、行动上更加一致，党的政治领导力、思想引领力、群众组织力、社会号召力显著增强。

在全面从严治党上。习近平同志强调，打铁必须自身硬，办好中国的事情，关键在党，关键在党要管党、全面从严治党。必须以加强党的长期执政能力建设、先进性和纯洁性建设为主线，以党的政治建设为统领，以坚定理想信念宗旨为根基，以调动全党积极性、主动性、创造性为着力点，不断提高党的建设质量，把党建设成为始终走在时代前列、人民衷心拥护、勇于自我革命、经得起各种风浪考验、朝气蓬勃的马克思主义执政党。党以永远在路上的清醒和坚定，坚持严的主基调，突出抓住“关键少数”，落实主体责任和监督责任，强化监督执纪问责，把全面从严治党贯穿于党的建设各方面。党中央召开各领域党建工作会议作出有力部署，推动党的建设全面进步。党的十八大以来，经过坚决斗争，全面从严治党的政治引领和政治保障作用充分发挥，党的自我净化、自我完善、自我革新、自我提高能力显著增强，管党治党宽松软状况得到根本扭转，反腐败斗争取得压倒性胜利并全面巩固，消除了党、国家、军队内部存在的严重隐患，党在革命性锻造中更加坚强。

在经济建设上。党中央强调，贯彻新发展理念是关系我国发展全局的一场深刻变革，不能简单以生产总值增长率论英雄，必须实现创新成为第一动力、协调成为内生特点、绿色成为普遍形态、开放成为必由之路、共享成为根本目的的高质量发展，推动经济发展质量变革、效率变革、动力变革。党的十八大以来，我国经济发展平衡性、协调性、可持续性明显增强，国内生产总值突破百万亿元大关，人均国内生产总值超过一万美元，国家经济实力、科技实力、综合国力跃上新台阶，我国经济迈上更高质量、更有效率、更加公平、更可持续、更为安全的发展之路。

在全面深化改革开放上。党中央深刻认识到，实践发展永无止境，解放思想永无止境，改革开放也永无止境，改革只有进行时、没有完成时，停顿和倒退没有出路，必须以更大的政治勇气和智慧推进全面深化改革，敢于啃硬骨头，敢于涉险滩，突出制度建设，注重改革关联性和耦合性，真枪真刀推进改革，有效破除各方面体制机制弊端。党的十八大以来，党不断推动全面深化改革向广度和深度进军，中国特色社会主义制度更加成熟更加定型，国家治理体系和治理能力现代化水平不断提高，党和国家事业焕发出新的生机活力。

在政治建设上。党从国内外政治发展成败得失中深刻认识到，坚定中国特色社会主义制度自信首先要坚定对中国特色社会主义政治制度的自信，建设社会主义民主政治，发展社会主义政治文明，必须使中国特色社会主义政治制度深深扎根于中国社会土壤，照抄照搬他国政治制度行不通，甚至会把国家前途命运葬送掉。必须坚持党的领导、人民当家作主、依法治国有机统一，积极发展全过程人民民主，健全全面、广泛、有机衔接的人民当家作主制度体系，构建多样、畅通、有序的民主渠道，丰富民主形式，从各层次各领域扩大人民有序政治参与，使各方面制度和国家治理更好体现人民意志、保障人民权益、激发人民创造。必须警惕和防范西方所谓“宪政”、多党轮流执政、“三权鼎立”等政治思潮的侵蚀影响。党的十八大以来，我国社会主义民主政治制度化、规范化、程序化全面推进，中国特色社会主义政治制度优越性得到更好发挥，生动活泼、安定团结的政治局面得到巩固和发展。

在全面依法治国上。党中央强调，法治兴则国家兴，法治衰则国家乱；全面依法治国是中国特色社会主义的本质要求和重要保障，是国家治理的一场深刻革命；坚持依法治国首先要坚持依宪治国，坚持依法执政首先要坚持依宪执政。必须坚持中国特色社会主义法治道路，贯彻中国特色社会主义法治理论，坚持依法治国、依法执政、依法行政共同推进，坚持法治国家、法治政府、法治社会一体建设，全面增强全社会尊法学法守法用法意识和能力。党的十八大以来，中国特色社会主义法治体系不断健全，法治中国建设迈出坚实步伐，法治固根本、稳预期、利长远的保障作用进一步发挥，党运用法治方式领导和治理国家的能力显著增强。

在文化建设上。党准确把握世界范围内思想文化相互激荡、我国社会思想观念深刻变化的趋势，强调意识形态工作是为国家立心、为民族立魂的工作，文化自信是更基础、更广泛、更深厚的自信，是一个国家、一个民族发展中最基本、最深沉、最持久的力量，没有高度文化自信、没有文化繁荣兴盛就没有中华民族伟大复兴。必须坚持以人民为中心的工作导向，举旗帜、聚民心、育新人、兴文化、展形象，牢牢掌握意识形态工作领导权，建设具有强大凝聚力和引领力的社会主义意识形态，建设社会主义文化强国，激发全民族文化创新创造活力，更好构筑中国精神、中国价值、中国力量，巩固全党全国各族人民团结奋斗的共同思想基础。党的十八大以来，我国意识形态领域形势发生全局性、根本性转变，全党全国各族人民文化自信明显增强，全社会凝聚力和向心力极大提升，为新时代开创党和国家事业新局面提供了坚强思想保证和强大精神力量。

在社会建设上。党中央强调，人民对美好生活的向往就是我们的奋斗目标，增进民生福祉是我们坚持立党为公、执政为民的本质要求，让老百姓过上好日子是我们一切工作的出发点和落脚点，补齐民生保障短板、解决好人民群众急难愁盼问题是社会建设的紧迫任务。必须以保障和改善民生为重点加强社会建设，尽力而为、量力而行，一件事情接着一件事情办，一年接着一年干，在幼有所育、学有所教、劳有所得、病有所医、老有所养、住有所居、弱有所扶上持续用力，加强和创新社会治理，使人民获得感、幸福感、安全感更加充实、更有保障、更可持续。党的十八大以来，我国社会建设全面加强，人民生活全方位改善，社会治理社会化、法治化、智能化、专业化水平大幅度提升，发展了人民安居乐业、社会安定有序的良好局面，续写了社会长期稳定奇迹。

在生态文明建设上。党中央强调，生态文明建设是关乎中华民族永续发展的根本大计，保护生态环境就是保护生产力，改善生态环境就是发展生产力，决不以牺牲环境为代价换取一时的经济增长。必须坚持绿水青山就是金山银山的发展理念，坚持山水林田湖草沙一体化保护和系统治理，像保护眼睛一样保护生态环境，像对待生命一样对待生态环境，更加自觉地推进绿色发展、循环发展、低碳发展，坚持走生产发展、生活富裕、生态良好的文明发展道路。党的十八大以来，党中央以前所未有的力度抓生态文明建设，全党全国推动绿色发展的自觉性和主动性显著增强，美丽中国建设迈出重大步伐，我国生态环境保护发生历史性、转折性、全局性变化。

在国防和军队建设上。党中央强调，强国必须强军、军强才能国安，必须建设同我国国际地位相称、同国家安全和发展利益相适应的巩固国防和强大人民军队。党的十八大以来，在党的坚强领导下，人民军队实现整体性革命性重塑、重整行装再出发，国防实力和经济实力同步提升，一体化国家战略体系和能力加快构建，建立健全退役军人管理保障体制，国防动员更加高效，军政军民团结更加巩固。人民军队坚决履行新时代使命任务，以顽强斗争精神和实际行动捍卫了国家主权、安全、发展利益。

在维护国家安全上。党中央强调，国泰民安是人民群众最基本、最普遍的愿望。必须坚持底线思维、居安思危、未雨绸缪，坚持国家利益至上，以人民安全为宗旨，以政治安全为根本，以经济安全为基础，以军事、科技、文化、社会安全为保障，以促进国际安全为依托，统筹发展和安全，统筹开放和安全，统筹传统安全和非传统安全，统筹自身安全和共同安全，统筹维护国家安全和塑造国家安全。党的十八大以来，国家安全得到全面加强，经受住了来自政治、经济、意识形态、自然界等方面的风险挑战考验，为党和国家兴旺发达、长治久安提供了有力保证。

在坚持“一国两制”和推进祖国统一上。党中央强调，必须全面准确、坚定不移贯彻“一国两制”方针，坚持和完善“一国两制”制度体系，坚持依法治港治澳，维护宪法和基本法确定的特别行政区宪制秩序，落实中央对特别行政区全面管治权，坚定落实“爱国者治港”“爱国者治澳”。实践证明，有中国共产党的坚强领导，有伟大祖国的坚强支撑，有全国各族人民包括香港特别行政区同胞、澳门特别行政区同胞和台湾同胞的同心协力，香港、澳门长期繁荣稳定一定能够保持，祖国完全统一一定能够实现。

在外交工作上。党中央强调，面对复杂严峻的国际形势和前所未有的外部风险挑战，必须统筹国内国际两个大局，健全党对外事工作领导体制机制，加强对外工作顶层设计，对中国特色大国外交作出战略谋划，推动建设新型国际关系，推动构建人类命运共同体，弘扬和平、发展、公平、正义、民主、自由的全人类共同价值，引领人类进步潮流。经过持续努力，中国特色大国外交全面推进，构建人类命运共同体成为引领时代潮流和人类前进方向的鲜明旗帜，我国外交在世界大变局中开创新局、在世界乱局中化危为机，我国国际影响力、感召力、塑造力显著提升。

总之，党的十八大以来，以习近平同志为核心的党中央领导全党全军全国各族人民砥砺前行，全面建成小康社会目标如期实现，党和国家事业取得历史性成就、发生历史性变革，彰显了中国特色社会主义的强大生机活力，党心军心民心空前凝聚振奋，为实现中华民族伟大复兴提供了更为完善的制度保证、更为坚实的物质基础、更为主动的精神力量。中国共产党和中国人民以英勇顽强的奋斗向世界庄严宣告，中华民族迎来了从站起来、富起来到强起来的伟大飞跃。

三、马克思主义中国化的最新理论成果

中国共产党是高度重视理论创新的政党。习近平总书记指出：“马克思主义是不断发展的开放的理论，始终站在时代前沿。”一部马克思

主义发展史就是一部理论创新的历史。中国共产党百年奋斗史也是一部不断推进马克思主义理论创新的历史。习近平新时代中国特色社会主义思想是中国共产党人带领全国各族人民在不断探索新时代新课题、回应人类社会面临的新挑战的基础上形成的，开辟了马克思主义发展的新境界，作出了许多原创性贡献，是当代中国马克思主义、二十一世纪马克思主义，是中华文化和中国精神的时代精华。习近平新时代中国特色社会主义思想这一理论创新成果，进一步丰富和深化了对共产党执政规律、社会主义建设规律、人类社会发展规律的认识，实现了马克思主义中国化新的飞跃。

1. 当代中国马克思主义、二十一世纪马克思主义

习近平新时代中国特色社会主义思想旗帜鲜明坚持马克思主义，高高举起了马克思主义

的光辉旗帜。这一思想始终把马克思主义作为中国共产党人的“真经”和“看家本领”，始终把马克思主义作为理论起点、逻辑起点、价值起点，鲜明贯穿着马克思主义立场、观点和方法，处处闪耀着马克思主义真理光辉，集中体现了马克思主义鲜明的理论品格和精神实质，充分彰显了当代中国共产党人强大的政治定力和理论自信。正如《中共中央关于党的百年重大成就和历史经验的决议》指出的：“党之所以能够领导人民在一次次求索、一次次挫折、一次次开拓中完成中国其他各种政治力量不可能完成的艰巨任务，根本在于坚持解放思想、实事求是、与时俱进、求真务实，坚持把马克思主义基本原理同中国具体实际相结合、同中华优秀传统文化相结合，坚持实践是检验真理的唯一标准，坚持一切从实际出发，及时回答时代之问、人民之问，不断推进马克思主义中国化时代化。”

党的十八大以来，习近平同志对关系新时

代党和国家事业发展的一系列重大理论和实践问题进行了深邃思考和科学判断，深刻总结并充分运用建党百年的历史经验，从新的实际出发，系统回答了新时代坚持和发展什么样的中国特色社会主义、怎样坚持和发展中国特色社会主义，建设什么样的社会主义现代化强国、怎样建设社会主义现代化强国，建设什么样的长期执政的马克思主义政党、怎样建设长期执政的马克思主义政党等重大的时代课题，创立了习近平新时代中国特色社会主义思想。这一思想对马克思主义哲学、政治经济学、科学社会主义各个领域都提出了许多标志性、引领性的新观点，实现了对中国特色社会主义建设规律认识的新跃升，指明了中国式现代化道路的新图景，开辟了管党治党、兴党强党的新境界。

习近平新时代中国特色社会主义思想与时俱进丰富发展了马克思主义，提出了一系列原创性的治国理政新理念、新思想、新战略，开辟了马克思主义的崭新境界。这一思想具有强烈的时代气息和现实针对性，以我们正在做的事情为中心，直面前进道路上的各种矛盾困难、风险挑战，着力破解难题、推进事业发展，以一系列新的重大理论观点，对马克思主义哲学、政治经济学、科学社会主义作出了原创性贡献。

比如，在马克思主义哲学方面，提出新时代我国社会主要矛盾发生变化的观点，是对马克思主义社会矛盾学说的新发展；强调要提高科学思维能力，要观大势、定大局、谋大事，要坚持系统观念，要强化问题导向，要抓重点、抓关键、抓“牛鼻子”等，是对马克思主义认识论、实践论的新发展。在政治经济学方面，提出创新、协调、绿色、开放、共享的新发展理念，是对马克思主义生产力理论的新发展；提出坚持和完善社会主义基本经济制度，使市场在资源配置中起决定性作用和更好发挥政府作用等思想，是对马克思主义经济学说的新发展。在科学社会主义方面，提出坚持和加强党的全面领导、推进党的自我革命的思想，是对马克思主义建党学说的新发展；提出坚持和完善中国特色社会主义制度、推进国家治理体系和治理能力现代化的思想，是对马克思主义国家学说的新发展；提出构建人类命运共同体的思想，是对马克思主义世界历史理论的新发展；提出全过程民主，是对马克思主义民主政治理论的新阐释。

再比如，在全面建设社会主义现代化国家方面，提出分两步走全面建成社会主义现代化强国的战略安排，强调我国现代化是人口规模巨大的现代化，是全体人民共同富裕的现代化，是物质文明和精神文明相协调的现代化，是人与自然和谐共生的现代化，是走和平发展道路的现代化。

还比如，在全面从严治党方面，提出办好中国的事情，关键在党，关键在党要管党、全面从严治党，强调以党的政治建设为统领，落实管党治党政治责任，深入推进反腐败斗争，以伟大自我革命引领伟大社会革命。

习近平新时代中国特色社会主义思想以全新视野深化了对共产党执政规律、社会主义建设规律和人类社会发展规律的认识，充分彰显了科学理论的强大生命力和中国共产党人的理论创造力，是马克思主义中国化的最新成果。在当代中国，坚持和发展习近平新时代中国特色社会主义思想，就是真正坚持和发展马克思主义，就是真正坚持和发展科学社会主义。

2. 中华文化和中国精神的时代精华

中华优秀传统文化是中华民族的根和魂，是中国特色社会主义植根的文化沃土。中国共产党人是马克思主义的坚定信仰者和实践者，也是中华优秀传统文化的忠实传承者和弘扬者。以习近平同志为核心的党中央高度重视中华优秀传统文化，不断推进中华优秀传统文化的创造性转化、创新性发展，以新的时代内涵增强其生命力，使之成为治国理政的重要思想文化资源，彰显了中国特色社会主义的深厚文化底蕴，使中华文明再次迸发出强大精神力量。

习近平新时代中国特色社会主义思想，深深植根于中华文化的沃土之中，深刻汲取博大精深的中华优秀传统文化所蕴含的丰富哲学思想、人文精神、道德理念，是对中华优秀传统文化进行创造性转化、创新性发展的典范。这一思想深刻反映了中华民族自古以来的梦想和追求，特别是实现中华民族伟大复兴这一近代以来最伟大的梦想，凝结着中国人民的伟大创造精神、伟大奋斗精神、伟大团结精神、伟大梦想精神，具有强大的历史穿透力、文化感染力和精神感召力，有效激活了中华优秀传统文化的生命力，使马克思主义在中国大地焕发出新的勃勃生机。

不忘本来才能开辟未来，善于继承才能更好发展。以习近平同志为核心的党中央高度重视传承弘扬中华优秀传统文化。习近平总书记指出，如果没有中华五千年文明，哪里有什么中国特色？如果不是中国特色，哪有我们今天这么成功的中国特色社会主义道路？习近平总书记举旗定向，亲自谋划、亲自指导、亲自推动中华优秀传统文化传承发展，深入开展调查研究，足迹遍及众多历史文化遗产。

党的十八大之后，习近平总书记强调“文化自信是一个国家、一个民族发展中更基本、更深沉、更持久的力量。”鲜明提出坚定文化自信并将其纳入中国特色社会主义“四个自信”，“坚持把马克思主义基本原理同中国具体实际相结合、同中华优秀传统文化相结合”。科学阐释中华优秀传统文化的内涵、基因和特质，辩证揭示中华优秀传统文化与当代文化、与世界文化之间的关系。精辟阐述中华优秀传统文化对坚持和发展中国特色社会主义、加强社会主义核心价值观建设、推进治国理政等的基础、根基、血脉、源泉作用和不可或缺的借鉴、滋养、启迪意义。阐述中华优秀传统文化在构建中华民族共有精神家园、构建人类命运共同体当中的纽带作用、认同功能。阐述传承发展中华优秀传统文化必须坚持的方针原则和目标任务，突出强调坚守中华文化立场、推动中华优秀传统文化创造性转化、创新性发展的时代使命和责任担当。明确要求深入挖掘阐发传统文化精髓、构建中国文化基因理念体系、提炼展示中华文明精神标识，“使中华民族最基本的文化基因与当代文化相适应、与现代社会相协调，把跨越时空、超越国界、富有永恒魅力、具有当代价值的文化精神弘扬起来”。习近平总书记的一系列重要论述，对丰富和发展马克思主义文化建设理论作出了重大原创性贡献，把我们对中华优秀传统文化地位作用的认识提升到了一个新高度，推动中华优秀传统文化的创造性转化、创新性发展迎来变革性实践，取得突破性进展、标志性成就，使中华文脉在赓续传承中弘扬光大，彰显出强大的生命力、凝聚力、影响力，增强了中国人民和中华民族内心深处的自信与自豪。

习近平新时代中国特色社会主义思想，坚持了中国共产党百年奋斗中不断推进理论创新的宝贵经验，是把马克思主义基本原理同中国具体实际相结合、同中华优秀传统文化相结合的重大理论成果，是党的十八大以来历史性成就和历史性变革的重要理论结晶，实现了马克思主义中国化的历史性飞跃和创造性升华。习近平新时代中国特色社会主义思想是坚持理论创新的典范。

结束语

不断推动实践基础上的理论创新

实践没有止境，理论创新也没有止境。中国共产党百年奋斗史就是一部在实践中不断推进马克思主义理论创新的历史，更是一部与中国实际和优秀传统文化相结合不断实现马克思主义中国化的历史。自毛泽东同志在六届六中全会上提出马克思主义中国化这一命题以来，中国共产党历届领导集体紧紧围绕“马克思主义中国化，使之在其每一表现中都带有中国的特性”这一重大历史课题，用中国革命、建设和改革的鲜活实践不断丰富和发展马克思主义、开辟马克思主义中国化的新境界。从毛泽东思想的创立到邓小平理论的创立，从“三个代表”重要思想的形成到科学发展观的形成再到习近平新时代中国特色社会主义思想的创立，从毛泽东思想实现马克思主义中国化第一次飞跃到中国特色社会主义理论体系的开创再到习近平新时代中国特色社会主义思想新的飞跃，中国共产党人带领中国人民在求索中、挫折中和奋进中不断用马克思主义中国化最新理论成果科学解答时代之问、历史之问和人民之问，推动中国革命、建设和改革事业不断取得新的历史性成就。

当代中国正经历着我国历史上最为广泛而深刻的社会变革，这是一个需要理论而且一定能够产生理论的时代，这是一个需要思想而且一定能够产生思想的时代。中国特色社会主义的伟大变革和实践为马克思主义理论创新提供了丰厚的土壤。习近平总书记明确指出，当代中国的伟大社会变革，不是简单延续我国历史文化的母版，不是简单套用马克思主义经典作家设想的模板，不是其他国家社会主义实践的再版，也不是国外现代化发展的翻版。马克思主义与时俱进的理论品质要求我们必须在推动中国特色社会主义伟大变革和实践中守正创新、开创未来，用发展着的马克思主义理论即习近平新时代中国特色社会主义思想武装全党、指导实践，不断深化认识，不断总结经验，不断进行理论创新，坚持理论指导和实践探索辩证统一，实现理论创新和实践创新良性互动，深化对共产党执政规律、社会主义建设规律、人类社会发展规律的认识，不断开辟当代中国马克思主义、二十一世纪马克思主义新境界。

站在两个一百年历史交汇期，我们走上了实现中华民族伟大复兴的新征程，我们党正在以更加昂扬的斗志、更加雄壮的步伐、更加成熟的姿态奋力迈向第二个百年奋斗目标。我们党作为新时代中国特色社会主义事业的领路人，有责任、有信心也有能力为马克思主义理论的创新性发展作出应有的历史贡献，我们也一定能够让马克思主义在中国大地上放射出更加耀眼的真理光芒。

后　记

坚持理论创新是中国共产党百年奋斗的基本历史经验，是党的事业兴旺发达的不竭动力。百年党史就是一部不断推动马克思主义中国化的历史，也是一部不断推进理论创新、进行理论创造的历史。中国特色社会主义进入新时代，继续坚持理论创新对全面建设社会主义现代化国家、实现中华民族伟大复兴具有十分重大的意义。只要我们勇于结合新的实践不断推进理论创新、善于用新的理论指导新的实践，就一定能够让马克思主义在中国大地上展现出更强大、更有说服力的真理力量。

本书由中共湖南省委党校（湖南行政学院）

科学社会主义（政治学）教研部组织撰写，教研部全体教师共同承担了写作任务。王蔚教授担任主编，负责拟定全书写作提纲、书稿的修改完善；邓建华教授、姚元军副教授担任副主编。书稿的具体分工如下：第一部分和结语由姚元军撰写；第二部分由贺全胜撰写；第三部分由李珣撰写；第四部分由邓建华撰写；第五部分由姚迪撰写；第六部分和后记由王蔚撰写。

湖南教育出版社对本书的出版给予了大力支持，书中吸收了学术界相关研究成果和部分资料，在此，我们一并深表感谢！由于编撰者水平有限，加之时间仓促，书中难免有不足之处，欢迎读者批评指正并提出宝贵意见。

王蔚

2022 年 1 月

图书在版编目(CIP)数据

制胜之道. 坚持理论创新 / 曹健华总主编. —长沙: 湖南教育出版社, 2022.2

ISBN 978-7-5539-8763-7

Ⅰ. ①制… Ⅱ. ①曹… Ⅲ. ①中国共产党—党的建设—研究 Ⅳ. ①D26

中国版本图书馆 CIP 数据核字（2022）第 031977 号

书　　名	制胜之道 · 坚持理论创新 ZHISHENG ZHI DAO · JIANCHI LILUN CHUANGXIN
总 主 编	曹健华
本册主编	王　蔚
责任编辑	胡茂永
责任校对	崔俊辉　吴　斌
装帧设计	杨发凯
出版发行	湖南教育出版社(长沙市韶山北路 443 号)
网　　址	www.hneph.com
电子邮箱	hnjycbs@ sina.com
客服电话	0731-85486979
经　　销	湖南省新华书店
印　　刷	长沙超峰印刷有限公司
开　　本	787 mm×1092 mm　32 开
印　　张	8.5
字　　数	95 000
版　　次	2022 年 2 月第 1 版
印　　次	2022 年 2 月第 1 次印刷
书　　号	ISBN 978-7-5539-8763-7
定　　价	35.00 元